20世纪中国科学口述史

黄培云口述自传

THE ORAL AUTOBIOGRAPHY OF HUANG PEIYUN

黄培云◎口述　郑艳◎访问整理

湖南教育出版社

国家出版基金项目
NATIONAL PUBLICATION FOUNDATION

《20世纪中国科学口述史》丛书编委会

黄培云在工作中

席泽宗序

正当21世纪开头的时候，湖南教育出版社策划编辑出版一套《20世纪中国科学口述史》丛书，有计划地访问一些当事人，希望他们能将亲历、亲见、亲闻的史实回忆口述，让采访者整理成文字和音像资料，为后人留下一些宝贵的文化财富。这是一件很有意义的事，应该得到各方面的支持。

口述历史很重要。《论语》就不是孔子（前551—前479）的著作，而是口述。这情形与希腊的苏格拉底（约前470—前399）及其以前的哲学家们相似。那个时代学者们还没有自己著书立说的习惯，思想学说都是靠自已口述而由门人弟子记录下来的。正如《汉书·艺文志》所说："《论语》者，孔子应答弟子、时人，及弟子相与言而接闻于夫子之语也。当时弟子各有所记，夫子既卒，门人相与辑而论纂，故谓之《论语》。"《论语》被奉为儒家经典，流传两千多年，一字值千金。我们当代人的所见、所闻、所历，不能与之相比，但"集腋成裘，聚沙成塔"，贡献出来，流传下去，对社会还是有益的。

司马迁著《史记》，上古部分文献太少，主要根据"传说"

席泽宗（1927—2008），天文史学家，中国科学院院士（1991）。

（一代一代“传”下来的“说”，即口述、口述、再口述），准确的年代只能从西周共和元年（前 841 年）算起，这不仅给年代学留下了一个空当，因而有今日的“夏商周断代工程”，还给后人提供了怀疑的口实。辛亥革命前后，国内外出现了疑古思潮，提出“东周以前无史”论，企图把中国文明史砍去一半。幸而这时在河南安阳殷墟发现了甲骨文，王国维于 1917 年写了《殷卜辞中所见先公先王考》及《续考》，指出甲骨文中发现的殷商王室的世系，与《史记·殷本纪》中所载相吻合，《殷本纪》中的口述记载只有个别错误。这就把中国有文字可考的历史，由东周上推了近千年。由此，王国维提出“二重证据法”：“古书之未得证明者，不能加以否定，而其已得证明者，不能不加以肯定。”他又于 1926 年在上海《科学》杂志第 11 卷第 6 期上发表《最近二三十年中国新发现之学问》一文，指出中国历代出现的新学问大都是由于新的发现。他举了很多例子，最重要的是汉代曲阜孔壁中古文和西晋汲冢竹书的发现，说明新材料对于学术的推动作用。与此同时，胡适于 1928 年在《新月》第 1 卷第 9 期上写了一篇《治学的方法与材料》，进一步指出，我们不仅是要找埋在地下的古书，更重要的是要面向自然界找实物材料。他说：“材料可以帮助方法；材料的不够，可以限制做学问的方法；而且材料的不同，又可以使做学问的结果与成绩不同。”他用 1600 年到 1645 年间的一段历史，进行中西对比，指出所用材料不同，成绩便有绝大的不同。这一段时间，中国正是顾炎武（1613—1682）、阎若璩（1636—1704）这些大师们活动的时代，他们做学问也走上了新的道路，站在证据上求证明。顾炎武为了证明衣服的“服”字古音读做“逼”，竟然找出了 162 个例证，真可谓小心求证。但是，他们所用的材料是从书本到书本。和他们同时代的西方学者则大不相同，像开普勒、伽利略、牛顿、列文虎克、哈维、波义耳，他们研究学问所用的材料就不仅仅是书本，更重要的是自然界的东西。哈维在他的《血液循环论·自序》中说："我学解剖学和教授解剖学，都不是从书本上来的，是从实际解剖来的；不是从哲学家的学说上来的，是从自然界的条理上来的。"结果是，他们奠定了近代科学的基础，开辟了一个新的科学世界。而我们呢，只有两部《皇清经解》做我们 300 年来的学术成绩。

1915 年《科学》的创刊和中国科学社的成立，标志着近代科学开始在中国落地、扎根，但成长、壮大、开花和结果，还有待于努力。中央研究院（1928 年）、北平研究院（1929 年）、中央工业试验所（1929 年）、中央农业试验所（1931 年）等国家科研机构的相继建立，《大学组织法》（1929 年）、《大学规程》（1929 年）和《学位授予法》（1934 年）等的颁布，都为科学的进一步发展提供了必要条件。至 1949 年，全国已有 700 多位科学家在 200 余所高等院校、60 多个科研机构、40 多个学术团体中工作。用卢嘉锡半开玩笑的话来说，"这是一支物美价廉、经久耐用的队伍"。李约瑟把他记述抗战时期中国科学家工作的一本书，取名《科学前哨》（*Science Outpost*）。他在序中说："书名似乎应当稍加解释。并不是我们中英科学合作馆的英籍同事远在中国而以科学前哨自居。我所指的是我们全体，不论英国人或中国人，构成中国西部的前哨。""这本书如有任何永久性的价值，一定是因为它提供了一类记录（虽然不甚充分）……看到中国这一代科学家们所具有的创造力、牺牲精神、坚韧、忠诚和希望，我们以和他们在一起为荣，今天的前哨就将成为明天的中心和司令部。"

李约瑟的预言即将实现。1949 年中华人民共和国的成立，为科学的发展提供了前所未有的有利条件。1956年制定的《1956—1967年科学技术发展远景规划纲要》，通过十几个重大项目、几十个重点研究任务、几百个中心课题，把第二次世界大战以来的新科学和尖端技术都涵盖于其中，下决心，攀高峰。据杨振宁搜集起来的10项产品的年代比照，我们的赶超速度是很快的。从原子弹到氢弹，我们所花费的时间最少：法国8年，美国7年，英国5年，苏联4年，中国3年，爆炸在法国之前。还要注意一点，别的国家的科学家，是全力以赴搞科学，中国科学家要政治学习、劳动锻炼、下乡“四清”，至于“文化大革命”那样的干扰，更是史无前例，就连“中国核弹之父”钱三强也不能幸免。1978年以后，抛弃以“阶级斗争为纲”，才把书桌子放稳，安下心来搞科研，然而在市场经济大潮的冲击下，也有新的问题。科学是没有阶级性的，但是科学家是在社会中生活的，科学事业是社会建构的一部分，都有时代的烙印。与过去300年相比，科学在20世纪的中国，特别是后50年，取得了举世瞩目的成就。总结这段历史经验，对于21世纪科学的发展无疑是有借鉴意义的。这项工作国内有许多人在做。

湖南教育出版社邀请有经验的专家组成编委会，派人准备从人物（包括科研组织管理工作者）、学科、事件等方面进行访谈和旧籍整理，这无疑是一种新的形式。口述历史虽然是历史学的最初形态，但那时没有录音、摄像等设备，也没有现在的严密组织准备，效果是不一样的。因此，我相信，这套书一定能成功，故为之序。

席泽宗

2007年10月于北京

韩启德序

20世纪是中国社会巨变的一个世纪，也是中国科学大发展的一个世纪。

中国的现代科学是在西方科学传入之后发展起来的。远在明末清初，西方科学就传到了中国。但从明末到清末，300年的“西学东渐”，其主要成果不过是翻译介绍了一些西方科学著作，传播了一些科学知识。到了20世纪，中国才出现了现代意义的科学事业和科学家。

20世纪之初，在以“新政”为标榜的政治和社会改革风潮中，延续千年的科举制度被废除，近代新学制开始在全国范围内实施，现代科学被纳入我国教育体制，从此科学知识成为中国读书人的必修课程，科学观念逐步深入人心。“赛先生”与“德先生”成为五四新文化运动的两面旗帜。

20世纪二三十年代，特别是国民政府成立之后，国立和私立大学的科学教育和科研水平稳步提高，以中央研究院为代表的专门科研机构逐步建立，一系列专业学会成立起来并开展各种学术活动，奠定了我国现代科学各主要学科的基础。然而，

韩启德（1945—），病理生理学家，中国科学院院士（1997）。现任全国人大常委会副委员长，九三学社中央主席，中国科学技术协会主席。

日本侵华战争使我国刚刚起步的现代科学事业遭到严重摧残。抗战胜利后，内战又使科学事业在短期内无法恢复元气。

中华人民共和国成立之后，在中国共产党的领导下，科学事业受到前所未有的重视。建国后不久，国家就陆续成立了从中央到地方的各级综合性和专业性科研机构，调整和新建了一大批高等院校，组织实施了一系列重大科研计划。在20世纪的50年代末到60年代，以“两弹”（原子弹和导弹）研制、大庆油田的开发和人工合成结晶牛胰岛素等重大成就为标志，我国科学事业实现了跨越式的发展。不幸的是，不断升级的政治运动严重干扰和破坏了科学事业。“文化大革命”十年动乱，使我国科学不进反退，拉大了我们与世界先进水平的差距。

改革开放迎来了中国科学的春天，知识分子终于彻底摘掉了“臭老九”的帽子，我国科技工作者焕发出前所未有的活力。经过科技体制改革的探索，在20世纪末，我国确立了“科教兴国”战略。近年来，国家对科技的投入大幅增长，科研水平稳步提高，我国科学技术全面发展的时代正在到来。

一个世纪之前，中国的现代科学事业几乎还是一张白纸。今天的中国科学已经以崭新的面貌自立于世界。“两弹一星”、杂交水稻、载人航天等一系列成就，标志着我国科学技术事业的空前发展，同时也极大地提升了我国的国际地位。但我们也应清醒地认识到，我们与国际科学技术的先进水平还存在相当差距，我们仍然在探索适合中国国情的科技发展道路，建立完善的现代科研体制的任务还没有完成。

中国现代科学技术的发展既有顺利的坦途，也历经坎坷和曲折。艰苦的物质条件和严酷的政治运动没有动摇中国科技工作者的爱国报国之心和求索创新之志。为中国科学技术事业建立功勋的既有像“两弹元勋”一样的科学英雄，更有许多默默无闻、甘于奉献的科技工作者。他们的名字，他们的事迹，是中国现代历史中的重要篇章。比较令人遗憾的是，我们很少见到中国科学家的自述、自传一类的作品。因此，许多科学家的事迹，他们的奋斗与探索，还不大为社会所了解；许多珍贵的历史资料，随着一些重要当事人的老去而永远消失，铸成无法挽回的损失。

湖南教育出版社出版的这套《20世纪中国科学口述史》丛书，在一定程度上弥补了这个缺憾。口述历史的特点是真实生动、细节丰满、可读性强。这套丛书中，无论是口述自传、个人或专题访谈录，还是科学家自述，都出自科学家、科技管理者、科学普及工作者或科技战线的其他工作者的亲口或亲笔叙述，是中国现代科学事业的参与者回忆亲历、亲见、亲闻的史实，提供了许多鲜为人知、鲜活逼真的历史篇章，可以补充文献记载的缺失，是我们研究中国现代科学发展史的珍贵资料。同时，书中也展现了我国科技工作者爱国敬业、艰苦探索、勇于创新、无怨无悔的精神境界，必将激励后来者为发展我国的科学技术而努力奋斗。

近年来，访谈类节目在电视、电台热播，大受欢迎。我相信，《20世纪中国科学口述史》丛书也一定能赢得读者的喜爱，在我国科学文化建设中发挥应有的作用。故乐为之序。

2007年10月于北京

主编的话

以挖掘和抢救史料为急务

自文艺复兴以来，西方经过宗教改革、世界地理大发现、科学革命和产业革命，建立了资本主义主导的全球市场和近代文明。在此过程中，科学技术为社会发展提供了最强大的动力，其影响至20世纪最为显著。

在从传统社会向近代社会的转型中，国人知识结构的质变，第一代科学家群体的登台，与世界接轨的科学体制的建立，现代科学技术学科体系的形成与发展，乃至以“两弹一星”为标志的一系列重大科技成就的取得，都发生在20世纪。自1895年严复喊出“西学格致救亡”，至1995年中共中央、国务院确定“科教兴国”的国策，百年中国，这“科学”是与“国运”紧密关联着的。百年中国的科学，也就有太多太多的行进轨迹需要梳理，有太多太多的经验教训需要总结。

关于20世纪中国历史的研究，可能是格于专业背景方面的条件，治通史的学者较少关注科学事业的发展，专习20世纪科学史者起步较晚，尚未形成气候。无论精治通史的大家学者，或是研习专史的散兵游勇，都共同面临着一个难题——史料的缺乏。

史料，是治史的基础。根据20世纪中国科学史研究的特点，搜求新史料的工作主要涉及文字记载、亲历记忆、图像资料和实物遗存这四个方面。

20世纪对于我们，望其首已遥不可及，抚其尾则相去未远。亲身经历过这个世纪科学事业发展且做出过重要贡献的科学家和领导干部，大都已是高龄。以80岁左右的老人为例，他们在少年时代亲历抗日战争，大学毕业于共和国诞生之初，而国家科学事业发展的黄金十年时期（1956—1966）则正是他们施展才华、奉献青春、燃烧激情的岁月。这些留存在记忆中的历史，对报刊、档案等文字记载类史料而言，不仅可以大大填补其缺失，增加其佐证，纠正其讹误，而且还可以展示为当年文字所不能记述或难以记述的时代忌讳、人际关系和个人的心路历程。科学研究过程中的失败挫折和灵感顿悟，学术交流中的辩争和启迪，社会环境中非科学因素的激励和干扰等等，许多为论文报告所难以言道者，当事人的记忆却有助于我们还原历史的全景。

湖南教育出版社欲以承担挖掘和抢救亲历记忆类史料为己任，于2006年启动了《20世纪中国科学口述史》丛书的工作计划，在学界前辈和同道的支持下，成立了丛书编委会，于科学史界和科学记者群中招兵买马，认真探索采访整理工作规范和成书体例。通过多方精诚合作，在近两年中已出版图书20种，得到了学术界和读者的认可。

近年兴起的口述史（Oral History）热潮，强调采访者的责任，强调采访者与受访者之间的互动，强调留下“有声音的历史”。不过，口述史内容的“核心”是“被提取和保存的记忆”（唐纳德·里奇《大家来做口述历史》）。把记忆于头脑中的信息提取出来，方法上有口述与笔述之差别，但就获取的内容而言，并无实质性的差别。因此，本丛书当前在积极组织从事口述史采访队伍的同时，也积极动员资深科学家撰写回忆文本，作为“笔述系列”纳入本丛书中来。

科学，作为一种社会事业，除科学研究之外，还包括科学教育、科学组织、科学管理、科学出版、科学普及等各个领域，与此相关的人物和专题皆可列入选题。

本丛书根据迄今践行的实际情况，在大致统一编辑规范的基础上，将书稿划分为5种体例：

1. 口述自传——以第一人称主述，由访问者协助整理。

2. 人物访谈录——以问答对话方式成文。

3. 自述——由亲历者笔述成文。

4. 专题访谈录——以重大事件、成果、学科、机构等为主题，做群体访谈。

5. 旧籍整理——选择符合本丛书宗旨的国内外已有文本重新编译出版。

形式服务于内容，还可视实际需要而增加其他体例。

受访者与访问整理者，同为口述史成品的作者。忆述内容应以亲历者的科学生涯和有关活动为主线展开，强调以人带史，以事系史，忆述那些自己亲历亲闻的重要人物、机构和事件，努力挖掘科学事业发展历程中的鲜活细节。

书中开辟“背景资料”栏，列入相关文献，尤其注重未经披露的史料，同时还要求受访者提供有历史价值的图片。这些既是为了有助于读者更好地理解忆述正文的内容，也是为了使全书尽可能地发挥“富集”史料的作用。

有必要指出，每个人都会受到学识、修养、经验、环境的局限，尤其是人生老来在记忆力方面的变化，这些会影响到对史实忆述的客观性，但不能因此而否定口述史的重要价值。书籍、报刊、档案、日记、信函、照片，任何一类史料都有它们各自的局限性。参与口述史工作的受访者和访问者，即便是能百分之百做到“实事求是”，也不能保证因此而成就一部完整的信史。按名家唐德刚先生在《文学与口述历史》一文中的说法，口述史“并不是一个人讲一个人记的历史，而是口述史料”。史学研究自有其学术规范，不仅要用各种史料相互参证，而且面对每种史料都要经历一个“去粗取精，去伪存真”的过程。本丛书捧给大家看的，都是可供研究20世纪中国科学史的史料，囿限于斯，珍贵亦于斯。

受访者口述中出现的历史争议，如果不能在访谈过程中得以澄清或解决，可由访问者视需要而酌情加以必要的注释和说明。若对某些重要史实有不同的说法，则尽可能存异，不强求统一，并可酌情做必要的说明或考证。因此，读者不必视为定论，可以质疑、辨伪和提出新的史料证据。

本丛书将认真遵循求真原则和史学规范，以挖掘和抢救史料为急务，搜求各种亲历回忆类史料，推动20世纪中国科学史的研究！

欢迎各界朋友供稿或提供组稿线索，诚望识者的批评指教。谨以此序告白于20世纪中国科学史的研究者和爱好者。

樊洪业

2008年10月于中关村

2011年元月修改于中关村

黄培云口述自传

The Oral Autobiography of Huang Peiyun

CONTENTS 目录

序　言

祝贺《黄培云口述自传》出版。

我知道黄培云先生的大名早在1953年，那时我远在美国，先生已回归国内。1952年我取得博士学位后，本拟立即回国，无奈因朝鲜战争美国政府无理阻挠，于是我在麻省理工学院谋得一研究岗位。与此同时，我还积极参与争取回国斗争，曾多方联系，争取支持，从而结识了黄先生夫人的姐姐赵如兰女士，从她那里了解到黄培云先生在长沙中南矿冶学院任教。1955年夏，有一批人被批准回国，有几位战友在乘粤汉路途经长沙站时到中南矿冶学院访问了黄培云教授，从战友们描述中带给我的初步印象，他是一位文质彬彬、和蔼可亲的学者。到北京以后，我被分配到沈阳的中国科学院金属研究所工作，与长沙相距约2000公里，与黄先生很少交往。因为同属冶金专业，有时在学术会议或规划会议上相见。到了上世纪90年代中叶，我们同被选为中国工程院院士，而且在同一学部，接触的机会也就比较多了起来。事实上，黄先生被选为中国工程院首批院士与我有关。当时规定，工程院的筹建成员有推荐权，于是我收集了一些材料写成推荐书，没经过本人同意，与王大珩院士共同推荐。因为选举章程中规定：某重要学科领域的奠基人可以入选。黄教授是业界公认的粉末冶金学科的奠基人，而且战绩卓著，从理论到实践。

还有几件我与黄培云院士相关的事项值得一提：中南矿冶学院创设了我们国家第一个粉末冶金专业，成立了专门的实验室进行相关科学研究，除了工业应用外，还为我国原子弹、导弹、卫星、雷达等的发展做出了很大贡献。为此，他们分别于1980年和1982年两次受到中共中央、国务院和中央军委的联合嘉奖。1988年国家计委利用世行贷款组建一批国家重点实验室，我是18个人组成的评选委员会组长，在各行业中共评出75个，其中包括中南矿冶学院的“粉末冶金国家重点实验室”，不久又被授予“国家粉末冶金工程研究中心”。进入21世纪，黄先生又带领他的学生到国家自然科学基金委来找我，要我当粉末冶金学院及材料科学与工程学院名誉院长，我只有从命，但我没做出任何贡献，实在受之有愧！

粉末冶金是材料科学技术的重要领域之一。特别进入高科技时代，粉末冶金的发展将更为广阔。对金属来说，为了提高材料的性能，合金化的程度不断提高，造成成型困难，合金元素的严重偏析，粉末冶金是解决途径之一；粉末冶金可以节约资源和减少加工工序，可以称之为当今的绿色加工工艺。粉末冶金技术不但用于金属，也用于陶瓷和有机材料的制备。黄培云院士为我国工程材料的发展做出了巨大贡献！

作为两院资深院士联谊会会长，我十分强调资深院士用笔述或口述的方式撰写回忆录，因为他们都是旧社会的过来人，有很多值得借鉴的历史经验，他们的回忆既记录了我国近代的科学技术发展历程，也激励后来人的爱国、爱科学的情操。因此，写自传是每个人的责任，不要怕人们说三道四，只要真实、实事求是。《黄培云口述自传》的问世，一定会受到人们的欢迎，因为除了他的科学成就以外，特别启发后人如何做人、做事、做学问，黄先生在这方面堪称楷模。

师昌绪[①]

2010 年 5 月

① 师昌绪（1920—2014），金属学家，材料科学家，中国科学院院士（1980），中国工程院院士（1994），2010 年度国家最高科学技术奖获奖者。

引　言

粉末冶金是一门制取金属、非金属和化合物粉末及其材料的高新科学技术，它能满足航空、航天、核能、兵器、电子、电气等一些领域对各种特殊环境中使用特殊材料的要求。早在20世纪初，一些发达国家就开始注重对这一领域的研究，而我国则起步于20世纪50年代初。

建国初期，旧中国遗留下来的经济百孔千疮。现代工业所占国民经济比例非常低，其中冶金工业更加落后。因此，在1952年全国院系调整时，急于成立一所为发展我国有色金属工业，培养从事教育、科技、经济建设人才的学院，中南矿冶学院应运而生。黄培云先生从武汉大学来到岳麓山下，与众多人一道，参与这所学院的筹建工作。

艰苦建校、胜利开学之后，黄先生在中南矿冶学院科研主管岗位上辛勤工作达32年，他既是学院办学理念、工作方针、政策的重要制定者，又是身体力行的坚定执行者。除了本人带头进行科学研究以外，黄先生还率领中南矿冶学院广大师生在科学研究的国家队中长期攀登，他本人和学院在此期间都取得了累累硕果。

黄培云先生1917年8月出生于北京，1938年毕业于清华大学化学系（西南联大第一届毕业生），1945年获得美国麻省理工学院科学博士学位，毕业后在麻省理工学院进行博士后研究，1946年底毅然放弃在该校的工作机会回国报效，1947年在武汉大学矿冶系任系主任、教授，1952年任中南矿冶学院副院长，曾先后担任中国金属学会、中国有色金属学会副理事长，中国机械工程学会粉末冶金学会副理事长，中国科学院矿冶研究所副所长，中南工业大学粉末冶金研究所所长，湖南省科协主席，还曾被选为中共十二大代表。现任中国工程院资深院士、博士生导师，中南大学学术委员会主任委员等职务。

1954年，我国实施第一个五年计划的第二个年头，全国156个重点建设项目上马。为满足生产建设第一线对技术人才的需要，黄先生承担了实现硬质合金专门化的任务，亲手筹建了中国第一个粉末冶金专业，从而填补了我国高校专业设置中的一项空白，也开始了向粉末冶金领域的进军。

黄先生创建了第一个粉末冶金研究所，并且建立校办粉末冶金实习工厂。1988年，在该所基础上又成立了我国第一个粉末冶金国家重点实验室。经过40多个春秋的艰苦创业，中南大学粉末冶金研究所被誉为“粉末冶金宝库”，已发展为粉末冶金国家工程研究中心，世界几种著名粉末冶金刊物都载文对该所进行了介绍。研究所的科研成果被广泛应用于我国原子能反应堆、火箭喷管喉衬、反坦克导弹、歼7、歼8、运7、运8、巨浪等数十项重点工程上，为我国原子弹、导弹、卫星、雷达等的发展做出了重大贡献。为此，粉末冶金研究所分别于1980年和1982年两次受到中共中央、国务院和中央军委的联合嘉奖。黄培云先生本人于国庆39周年之际获得了国防科工委颁发的“献身国防科技事业荣誉证章”。

黄培云先生不仅在我国粉末冶金学科创立和建设中做出了卓越贡献，而且在粉末冶金的科学研究中取得了重大成就。粉末压制理论和烧结理论是粉末冶金学科最为重要的两个基础理论。世界各国有数百名学者对这两个理论进行过深入的研究，产生过众多的流派和数以百计的理论或经验公式，但是这些研究结果都难于对粉末的压制过程或烧结过程进行正确的定性描述和精确的定量计算。四分之三个世纪以来，各国学者在把烧结过程看作扩散机制还是看作流动机制起作用方面一直争论不休，黄培云教授自1958年开始研究烧结理论，在1961年10月的沈阳金属物理学术会议上发表了综合作用烧结理论，在总结和回顾各种学派的论点和争论后，提出烧结式扩散、流动及物理化学反应（蒸发凝聚、溶解沉淀、相变、活化、结晶、再结晶、化学反应）等综合作用的观点，并由扩散、流动、物理化学反应这三个基本过程引起烧结物质浓度的变化的数理方程建立了综合烧结理论方程，得出密度变化的双对数值与烧结温度的倒数呈线性关系。这个理论现已被国内外学者提供的烧结数据所验证。黄培云综合烧结作用的理论方程式不仅能适用于一般冷压成形烧结，而且能适用于松装烧结、热压烧结与活化烧结，该理论具有深刻的物理意义和广泛的应用价值。

从20世纪60年代中期到80年代初期，黄培云先生对粉末压制理论进行了近20年的潜心研究。他是最早采用粉末流变学理论来研究粉末压制的学者之一，所提出的粉末体应变推迟，应力松弛，粉末体变形充分弛豫，粉末体的非线性流变模型，粉末变型的对数应变表示方式，粉末压制功的计算方法，粉末动压理论等一系列新概念和新理论不仅对粉末冶金学具有重大贡献，而且对力学、流变学业具有重要价值。黄培云压制理论引起了国际粉末冶金学界的重视，并获得高度评价。目前黄氏压制理论已经成为国际上粉末压制理论的重要学派之一。它获得了1989年国家自然科学奖四等奖、国家教委1986年科技进步奖一等奖、湖南省1986年十大科技成果奖。

甘当人梯，是黄培云先生的又一个特点。上世纪60年代初，他为我国培养了第一批粉末冶金专业的研究生（当时尚未实行学位制）。80年代又为我国培养了该专业的第一批博士生。他治学严谨，除亲自制订教学计划、撰写教材外，还先后给学生上过硬质合金生产、粉末冶金原理等课程。他主编的教材《粉末冶金原理》获得有色金属工业总公司优秀教材一等奖和国家教委颁发的全国高等学校优秀教材奖。

黄先生学识渊博、待人宽厚，他常说："科学家的一生，应该出三种成果：一是高尚的道德情操，二是科学技术成果，三是培养出人才。"几十年来，他呕心沥血，循循善诱，培育造就了我国粉末冶金事业的一批栋梁之才。而接触过他的人，无论老幼，无不感叹黄先生"道德文章，皆称楷模"。

本《自传》依据黄培云先生口述进行整理而成。作为中国粉末冶金学科的奠基人，黄先生半个多世纪来将全副心血倾注其间，书中所述都是黄先生亲身经历的人和事，实为中国粉末冶金学科历史的第一手材料。为了加强本书的史料价值，整理者还专门采访了黄先生的门生吕海波、林炳、金展鹏等几位教授，通过他们的回忆来补充与丰富学科历史发展中的细节。

一个人、一个学科、一个时代，黄培云先生亲历世纪沧桑。他的记忆与思索，给了我们一个追寻历史逻辑的入口。

陈振华①

2010年7月于长沙

① 陈振华（1945—），我国自行培养的第一个粉末冶金学博士。现为湖南大学教授、博士生导师。

我的小学和初中是在北京念的，我们家租住的是当时一个颇有才气的军阀徐树铮的房产……那处房子在东城的无量大人胡同，基督教青年会对面。这条胡同在二十年代很有名，是当时中外文化交流聚焦的地方。

我跟随父亲游历了很多地方，这样的经历使我增长了见识，开阔了眼界，了解的东西比较多。我喜欢东跑西跑，东看西看的性格就这样养成。

第1章

四处迁徙的少年时代

我自己觉得年纪大了，记忆力衰减了。但说也奇怪，虽然有时自己对前几天做的事，要费点劲才追忆起来，甚至有时几分钟前刚找到老花镜，却又戴着眼镜，继续去找眼镜，经人指点，才一笑置之。然而，某些事情时隔几十年，却仍记忆犹新，例如六七岁时曾读过的课本“人、手、足，刀、尺，山、水、田，狗、牛、羊……”我仍能略加思索从“人手足刀尺”起背到“一猎人，骑白马，手擎枪，击飞鸟”，基本上一字不漏。中学时背诵陶渊明的《桃花源记》、白居易的《琵琶行》《长恨歌》等古诗词，虽逾大半个世纪，我基本上还能从头到尾背诵出来。

现在，我就按照个人生命的轨迹，把留存在脑海里的记忆一点点地回忆出来。有些事情，真是记忆犹新、历历在目。

家世

我的老家在福建省福州市。明清以来，福州就成为东西方文化交流的汇集地。19 世纪中叶创办于福州马尾的福建船政学堂，被公认为我们国家“近代海军的摇篮”和近代工业、科技、高等教育的发源地。当时有很多名人，如洋务运动重要人物之一的沈葆桢，华侨领袖黄乃裳，还有翻译《天演论》的严复和翻译很多西方小说的林琴南等等，而我的父亲，就是伴随船政文化的发展而成长的。

父亲黄厚诚、母亲何毓芬早年在福建合影

我的父亲叫黄厚诚，“厚”字辈，号益五，因为五个兄弟他排行第五，但他觉得这个号不太雅，就改成了漪午。

我父亲毕业于福州英华书院，这个书院在当时非常有名，特色是中英文双语教学。福州对外开放很早，社会上非常需要懂英语的人才，当时福州的马尾造船厂，是海军军用的，他们也需要大批的能够懂得英文的人。根据这些需要，英华书院培养了大量懂英文的学生，办得很红火。

福州作为老通商口岸，很早就设立了海关。鸦片战争爆发后，中国海关自主权就逐步丧失了，洋人长期占据要职，控制着海关实权。中国近代各口岸海关的最高职位关员叫做税务司①，也就是现在称呼的关长，负责

① 中国旧时各口岸主管海关税务官员的职称。始于清咸丰四年（1854 年）。咸丰三年，帝国主义乘小刀会起义之机，夺取上海海关行政权。1854 年 6 月，英、美、法三国领事强迫清政府海关官员吴健彰订立关于上海海关协定九款，并由三国各派一人为税务司，于 1854 年 7 月组织海关税务管理委员会。其后，英国为了独揽中国海关大权，于 1859 年 9 月迫使清政府撤销了上海海关美、法籍税务司，并委任英人李泰国任总税务司，统管全国海关。

本口岸所有关务。我父亲英文成绩非常优秀，不但能写，而且口语很好，能用口语与洋人打交道。当时这种人不多，他从英华书院毕业后很快就考入福州海关当上了一个职员。

总税务司署是清朝政府设立的全国性的海关机构，当时的英国对华贸易总额最大，所以总税务司一直由英国人把持。听父亲说，最初是一个叫李泰国的担任总税务司，后来赫德继任。这个赫德在中国的近代史上也是一个比较重要的人物，他担任总税务司很长时间，他的活动，涉及中国的军事、政治、经济、外交以至文化教育各个方面。那时候海关的收入要保证庚子赔款那四万万两银子，海关制度也是英国人定的，譬如关税怎样收，收多少，都是英国人决定。他们需要大量中英文兼通的人帮助做事，就在福州招募人员，因我父亲英文好，得到总税务司署官员的赏识，这样我父亲就从福州海关被调到了北京。

总税务司觉得受过专业训练的人员还是太少，就奏议清朝廷创设了税务学堂，很快又把我父亲调到税务学堂任教务长。这个学校为中国海关的人才培养起了很大作用，校长姓陈，我父亲既担任教务长，教师不够时还兼任英文教师。民国建立后，税务学堂被改名为北平税务专门学校，这所学校是中国近现代海关官员的摇篮。据我所知，民国期间中国关员首次执掌海关领导权的总税务司丁贵堂就毕业于这个学校，是我父亲的学生，还有大批人我都不记得了。

我的母亲叫何毓芬，也是福州人。父母共生了四个儿子：培辰、培熙、培云、培兴。我是 1917 年 8 月 26 日在北京出生的。这里要说明一下，我虽然不记得爷爷这一辈是干什么的了，但我知道从指定排行来看，我们家族的近世都是按照“基、厚、培、家”四个字辈来排的。直到现在，还有很多黄姓人是这样来排的，就是按照“基、厚、培、家”来循

1934年在北京，培熙和培云拜访三伯父和三伯母合影留念（后排自左：端彬、端琳、端珍、培熙、培云、培喆）

环，倒来倒去都是一个意思，说明黄家是一个很大的家。

在我的印象中，母亲对孩子们的教育很严格，她出生在不是很富裕的家庭，但她教育我们再苦也不要去借钱，不能做不正当的事情。她教育孩子们绝对不允许浪费粮食，如果吃饭桌子上掉了饭粒一定会挨骂，每粒饭都要我们捡起来。如果煮饭时有一粒米掉到地上，也要捡起来，用水冲洗一下再放到锅里蒸。现在我已经九十多岁了，可以说做到了基本上没浪费粮食。

后来我父亲被调到山东烟台，又从烟台调到上海，不久又调到苏州，要我父亲做苏州海关的税务司，就这样出生在北京的我，又随父母辗转到烟台、上海、苏州。当时全国各地的税务司主要还是英国人，只把一些小海关给中国人。

福建三都澳海关宿舍，黄培云曾住家于此（摄于约1933年）

再后来我父亲又被调入福建三都澳[①]，三都澳位于福建省宁德市，水深港阔，口小腹大，四面环山，避风防浪，位置在长江三角洲、珠江三角洲和台湾省之间，是中国东南沿海与海外通商较早的港湾之一，据说早在唐朝以前就被开发利用。19世纪末，清政府将三都澳正式开放，成立福海关，是福建省最早的海关之一。许多外国公司在此设立洋行，当时是很繁荣的商港。新中国成立后选此作军港，是世界少有的大军港，据说全世界的海军都可装入里面。我父亲被调入三都澳后不久退休，当时海关给了一笔退休金，有几万块钱，那时是很多的钱。我父亲选择苏州作养老之地，就在苏州买了房子，住在苏州。我就经常在苏州、上海、北京之间往来。我跟随父亲游历了很多地方，这样的经历使我增长了见识，开阔了眼界，了解的东西比较多。我喜欢东跑西跑、东看西看的性格就这样养成。

① 从“福建省情资料库”中查询到：“1899—1935年福海关历任主管官员表”中，记载“黄厚诚到任时间为1933年5月1日，离任时间为1934年3月1日”。

我们家里四兄弟。大哥在台湾，二哥和四弟后来也到台湾，父母和他们一起去的，就我一个人留在大陆。二哥培熙在清华大学学的化学，后来没从事化学专业转为经商，经营船运。走上海到福州到台湾的航线，去台湾非常方便。他经营船运用的不是很大的船，是机帆船。船上有机器作为动力，有风就用帆，没有风就用机器作为动力。

我的家庭和台湾除了因为哥哥经营船运交通便利之外，还有什么更密切的关系我就不知道了，因为我离开这个家庭很早，十几岁就离开了，所以很多东西不太了解。但在我的印象里，听家里人说，日本割据台湾后，中国人生活得非常苦，当地人民经常反抗日本人的压迫，日本人把所有的武器和铁器都收走了，但家家户户要吃饭要做菜都有菜刀，就用菜刀反抗，杀日本人。后来日本人就把菜刀也收走，规定几家人共用一把菜刀，而且这个菜刀用锁链锁着。经常听家人谈这些事情，给我们孩子很大的影响。那时候对日本人很恨。

20世纪50年代黄培云父母在台湾合影

外交部部立附属小学与初中班

我们家很重视孩子们的学习。我的小学和初中是在北京念的，我们家租住的是当时一个颇有才气的军阀徐树铮的房产，这个徐树铮据说很得段祺瑞信任，那处房子在东城的无量大人胡同，基督教青年会对面。这条胡同在二十年代很有名，是当时中外文化交流聚焦的地方。梅兰芳先生就住在这条胡同里，我们家住的地方和梅兰芳先生住的地方斜对门，他一出来，好多人围着看。他们家热闹极了，不停地人来人往，中国人、外国人，老年人、年轻人，说得上冠盖云集。

我小时候身体不太好，大人们担心我长不大，头顶上给我留一小撮头发，叫做“九十九”。后来我上小学的时候，有些高年级的同学取笑我，

1992年黄培云(中)、黄培熙(右)、黄培兴(左)三兄弟在美国合影

说看你还留着“九十九”。我二哥黄培熙护着我，就跟他们打架。从小老是二哥培熙带着我，他比我大两岁，我们总是在一起。我考上大学就离开家了，直到1946年回国，到上海也是二哥来接的。到武汉大学任教后，二哥专程赶到武汉大学来看我。1949年他到台湾后就没有联系了，直到1987年我和老伴到美国才与他重逢，分别将近四十年。而到1992年我们三兄弟才在美国重逢。

我的小学和初中都是在外交部部立附属学校念的，当时同校的同学记得的不多了，印象最深的是梁治明，他比我大一些。他考上清华大学的土木系，毕业后在昆明西南联合大学任教。1941年我们一块考取公费留美，他1945年底回国，担任中央大学土木系教授，解放后任南京大学教授，院系调整之后，他担任了南京工学院的教务部主任。

东吴大学附属高中

我高中是在苏州念的，当时是在东吴大学附中念书。东吴大学是在美国教会办的三所书院基础上扩建的大学，也是20世纪初中国第一所民办大学。学校的办学经费主要来自于捐款及学费，东吴大学还办有附中和附小。

我1931年9月进入东吴大学附中读高中，同学中印象最深的是钱振彭，他和我同年，高中毕业时他考上的是东吴大学理学院，后来在美国弗吉尼亚理工学院读完硕士学位回国，先后在东吴大学、上海材料研究所工作，1952年冬调至钢铁试验所（钢铁研究院前身），从事发射光谱分析工作，再后来又调到北京钢铁学院任化学系教授，从事教学与研究工作。

在东吴大学附中时，蒋纬国也是那里的学生，我们同一个年级，不在一个班。他初中就在那读，一直到高中毕业，他那时候热心于戏剧活动，比较活跃，每逢学校开运动会，总骑着自行车东奔西跑，传递讯息。蒋纬国附中毕业后，也进入东吴大学理学院，后来留学德国。

东吴大学附中是中英文双语教育，也很重视学生的均衡发展。读书之外，大家常一起散步，还有很多同学喜爱运动。

我们读书的时候，昆曲比较流行。一些同学周末喜欢去剧社看昆曲演员的演出。昆曲起源于元末明初，原称“昆腔”，清代称“昆曲”，解放后发展为“昆剧”，曲调舒徐宛转，有浓郁的地方特色，在长江三角洲一带流行。

民国时期的高等院校招生考试不像现在的统考，施行的是各大学自主招生的政策，各自为政，各家独立自主命题，每个学校各自考，而且不是同时考。各个学校的考试风格也不同，比如中央大学考作文要求用文言文，而清华大学要求用白话文。很多学生是在这学校考一次，在那学校考一次，学生有时被很多学校同时录取，因为重复录取产生差额，于是学校采用备取制，正式录取后没录满就从备取生中再录，补充差额。

我 1934 年考入清华大学，跟我二哥黄培熙一同考入清华，二哥成绩比我略差一点，他是备取。但他也很快被录取，我们一同进入清华大学化学系。当时我年纪小，懂的东西不多，我的中学老师，还有其他人很多都说化学重要，我就选择了化学。那时候大学都很小，两三百人就算大了，当时清华大学招了四百新生，加上原来的五六百人，是国内很让人自豪的千人大学。

我们这级称为十级，是清华由留美预备学校改为大学后的第十班，应于1938年毕业。……清华的许多老师给了我很大的影响，许多同学成为我的终身好友。老师们不但使我懂得了如何做学问，更使我学会了如何做人，怎样才活得有意义。

“万里长征，辞却了，五朝宫阙；暂驻足，衡山湘水，又成离别。”这是西南联大校歌中的第一句。这种感受我们每一个经历过那段历史的人现在回想起来还是很真切。

第2章 清华园与西南联大

30年代的清华化学系

考上清华大学是我人生中的一次重要经历。我们这级称为十级，是清华由留美预备学校改为大学后的第十班，应于1938年毕业。据说当时报考清华的学生有四千余人，最后录取的只有四百来人。清华的许多老师给了我很大的影响，许多同学成为我的终身好友。老师们不但使我懂得了如何做学问，更使我学会了如何做人，怎样才活得有意义。

1934年清华已经成为一个拥有文、理、法、工4个学院16个学系的综合性大学。清华极为重视教学，教师们讲课认真、教学严格，这是清华在教学上的一个特点。教学方针是通才教育，各院系都比较重视基础又各有侧重，这是清华在教学上的又一个特点。

清华化学系设立于1926年，自从建系起就十分重视实践，着重于学生基础知识与基本技能的培养，我考进清华化学系时，四层楼的新化学馆

清华大学当年最大建筑之一——化学馆

刚落成一年，面积估计有 1 万平方尺左右，是当时国内大学唯一拥有专用楼馆的化学系。

20 世纪 30 年代，清华大学化学系的课程安排是很有道理的，使学生很受益。当时最主要的必修课只有普通化学、分析化学、有机化学、物理化学这几门，除必修课外，化学系开出专门性的选修课，学生根据自己兴趣与专长来选修。教学中极其重视教材或讲义的学术水准，各门课程大都采用欧美著名大学的教本或老师自己编写的英文讲稿和实验讲义。化学系非常重视实验。除听课外，一周之中很多下午都要做实验。而给我们上课的老师，都是一流的学者，他们的博学多才和治学精神，都给我留下了难忘的深刻印象。

我记得很清楚，我们在清华入学、上课，第一节上的是数学课，老师是郑桐荪①，是一个很有名的数学家，当时他是清华的教务长。他教我们

① 郑桐荪(1887—1963)，清华大学原数学系创办人之一，曾担任多门基础数学课程的讲授，著有《四元开方释要》《微分方程初步》和数学史专著《墨经中的数理思想》，参与编纂《数学名词》。

解析几何。解析几何我们在高中就学过的，考入清华的学生基本都是成绩比较好的，也几乎都从师资很好的中学考来的，比如师大附中、扬州中学、潞河中学、贝满女中都是很有名的学校。大家很奇怪，怎么到清华来了，还要学中学学过的东西，还要从解析几何学起。这说明清华当时是非常重视基础课程的，越是基础的课程，越是名教授来教。

数学郑桐荪、物理吴有训、化学张子高、国文俞平伯、英文吴可读，老师们都以能够在清华教基础课为很大的荣誉。清华和后来的西南联大，都是请最有名的教授讲授基础课程。郑桐荪在我们第一堂课上先提问："解析几何你们都学过了吧，有多少人学过啊？"大家都把手举起来。他看了看我们，说："好。"然后他继续说："你们知道为什么你们都学过的东西，进了清华了还要从头学？"我们说不知道。他说："解析几何是数学的重要基础，它本身就不是简单的，你们学过立体解析几何吗？"大家说没有学，只是知道。他说："你们知道除了平面的解析几何，还有曲面的解析几何吗？"我们说不知道。他说："解析几何是很高深的数学，并不是你们已经学过的那一点点东西，还有多维的解析几何等等。要仔细讲起来，这是很难的一门学问。"他继续："你们是化学系的学生，你们没有必要和可能去学这么多高级的解析几何，但是你们不要瞧不起解析几何，所有的这些课程都是有很深的学问的，你们要把解析几何作为重要的基础课程来学。"

我们后来才知道郑桐荪老师是当时数学界非常有名的老师，他是陈省身的老师，又是陈省身的岳父。陈省身求学的时候，郑很欣赏他，还把女儿嫁给了他。他们后来一起在数学领域做出了很多贡献，国内外都有名。这样一个老师教我们解析几何，中学都学过的课程，教育了我们学生要重视基础，如果基础打不好，以后的学习就会出问题。他还要求基础要宽，他说："很窄的基础很难变成高高的尖尖的东西上去，很不稳定，很容易倒下来。你们要把基础弄得很宽，它就很扎实，这样你的学问才能够真正上去。"后来我还听说，郑桐荪老师在业余的时间研究清史，造诣很深，而且对诗词书画也很有研究，自己还写了很多诗，是一个文理兼通的学者。

那时候我们用的教材就是普通的解析几何的教材，不是很高深的教材。

我大学第一堂上的这节数学课，影响了我的学习和认识，特别和基础有关。后来我用半开玩笑的口气说，现在的学校每年论百的博士、上千的博士培养出来，我总是呼吁，千万别把博士给培养成"窄士"。这种观点就是受到郑老师的影响。但不幸的是，的确能看到很多博士窄到可怕的程度，太窄了，这个也不懂，那个也不知道，只关心我自己学的这个，其他的都不关心。但是这样你怎么教学生啊，你的学生怎么学呢？是不是像老师这样，越学越窄，老师已经很窄了，学生又只学一部分，就更窄了。这样培养出来的人，怎么应对社会的需要呢。从这一点来说，我们现在看到很多学生这个问题没解决，甚至可以说，还存在很严重的问题，因此要鼓励学生多关心自己所学的东西之外的东西，要把基础打得又牢又宽，否则培养出来的就是"窄士"不是"博士"。

我们的物理老师是吴有训。吴有训在物理界很有名气。他在芝加哥大学留学攻读物理学博士学位时，是著名物理学家康普顿的学生，后来博士毕业担任物理系助教。康普顿提出一个"康普顿效应"，这个发现是现代物理学发展过程中的一个转折点，它使物理学界最终确认了光量子的实在性，从而对后来量子力学的建立和发展产生了重大的影响。但在"康普顿效应"刚被提出时，由于经典物理学观念影响很深，加之对这个新理论的实验证据尚不够充分和完备，且有人从实验中做出了别的结果作了新的解释，因此遭到不少人的激烈反对。但康普顿坚信自己的想法是对的，仅仅是实验没有做成功，以前他也请了美国学生帮他做，没有做成功，后来吴有训也接受了这个题，起初也没有做成功，但是吴有训帮着他做了一些改进，针对反面意见的证据进行了一系列的实验研究，最后做成功了。吴有训以大量实验结果验证了“康普顿效应”的客观存在，终于使这个新的理论得到国际物理学界的确认。后来康普顿以发现“康普顿效应”获得了诺贝尔奖。有的美国学生认为是吴有训做的实验，而且实验有吴有训的改进，诺贝尔奖应该由康普顿和吴有训共同获得，而诺贝尔奖只有康普顿一人获得，不公平。但吴有训说没有康普顿老师的教导和提出想法，自己绝不会想到去做这个实验，康普顿老师获得诺贝尔奖是名副其实的，自己只是康普顿教授的学生而已，学到很多东西，都是老师教的，自己获得的成绩，都是老师的功劳。当时吴有训的名气，在美国比在中国还大。前些年我读到吴有训儿子写的回忆文章，里面说，康普顿在吴有训回国很多年后，有次在美国遇到杨振宁，他对杨振宁说，自己一生最得意的两位学生，一位是吴有训，另一位是 1968 年诺贝尔奖的获得者，而他始终不能辨别这两人谁的天分更高。①

吴有训老师在 30 年代的清华化学系教我们普通物理，他非常注重基本概念、注重科学思维的条理性，常常启发学生从简单的事实中悟出深刻的道理来。他很重视实验，要求学生有很强的动手能力，强调理论与实验并重，一边讲课一边做实验。但是他常常非常简单的实验做不出来，这时候，一个专门管实验的实验员马上就跑过来解围，实验员一做就成功了，吴老师就在一旁哈哈笑，说还是他物理实验好，我连这么简单的实验有时

① 见《永远的清华园：清华子弟眼中的父辈》，北京：北京出版社，2000 年，第 218 页。

1935年清华大学化学系师生合影。前排自左：萨本铁（六）、张子高（七）、黄培熙（五）、黄子卿（八）；高崇熙（后排右二）、黄培云（三排左二）

候也做不出来。吴老师很幽默。

吴有训老师强调培养学生的自学能力，而且在课堂上总是给大家介绍国内外最新的科学研究成果，他希望我们在学习基础物理学知识的同时，能及时了解这个学科的一些前沿情况。他还强调学生要全面发展，他认为，每个学理科的学生，都不能只学习本专业课程，而应学习一些相关相近的其他科目，甚至是人文课程。

化学也是这样，这些老师都像郑桐荪和吴有训等老师一样，不断教导学生，要重视基础，老师们都对学生说，你们虽然学的是化学专业，但物理也要学好，物理是很重要的基础，要学好学扎实，这样对学好化学很有帮助。

我们大一的化学老师是张子高[①]，高崇熙[②]是教定量分析的老师，但我们一年级没接触定量分析，定量分析从二年级才开始接触，所以对于高老师的印象我们是从二年级开始。黄子卿老师我是在二年级末、三年级才

① 张子高（1886—1976），化学家、化学教育家，中国化学史研究的开拓者之一，著有《中国化学史稿（古代之部）》。

② 高崇熙（1901—1952），无机化学家、化学教育家。

上他的课。萨本铁是教有机化学的，上他的课是三年级了。

我读清华时，化学系主任是张子高老师，他教我们普通化学和定性分析。他用的定性分析教材是 A. A. Noyes[①] 编写的。诺伊斯教授是国际著名化学家，也是张老师在麻省理工学院读书时的老师。这个名字我记得很清楚，因为我们班上很淘气的同学刘维勤说，张老师教 A. A. Noyes 编的教材，我要教 B. B. Moyes 编的教材。张子高也是像吴老师一样，教育学生要重视普通化学，只有把普通化学学好，才能在化学方面真正取得成绩。他特别重视化学实验，希望我们重视实验能力的培养和科学方法的训练。他要求学生所有的化学实验都得做，那个时候化学分析实验还是用硫化氢系统做，那个系统有毒。后来的化学实验都不用硫化氢系统做了，但我们做学生的时候，还是用那个系统做，那时在新建的化学馆里做。

后来我了解到，当年（1909 年）张子高考取了清华学堂第一批庚款公费留学生赴美留学，同时考取的有梅贻琦等人。在美国麻省理工学院学习期间，他加入了“中国科学社”，是该社较早的会员之一。

高崇熙老师中等身材，体格壮实，性情直率，说话豪爽。他教我们定量分析，有很多化学实验是他自己设计的。他在上课时，给每个人发一个盒子，盒子里有很多试管，这些试管里装着一些未知样品，他说随你们想办法，把这些样品的成分含量分析出来，把这些都分析完了，你们的定量分析课程就算是完成了。他对学生要求严格，做实验时经常来实验室巡视，见到试管内壁挂水珠或分析天平操作不规范，立即提出严厉批评。他的实验室白天晚上都开着，学生随时可以去，好多学生白天晚上都愿意在实验室过，他自己也是这样，经常在实验室里，看看学生的实验，这个做

① Authur Amos Noyes（1866—1936），美国化学家。其编写的《定性化学分析》一书，是当时流行的大学教材，国内不少大学采用。

得对，那个做得不对，及时指导。

高老师讲课和指导学生做实验有一套他自己的方法，今天回忆起来始觉那是一种启发式的，而非手把手一一教会的灌输式的方法。他讲课很快，但非常清晰有致，黑板写的不多，有时英文名词开头的字母还很清楚，后面常常一带而过，学生甚至无法认清，当时学生说他写英文常是"虎头蛇尾"。所以高老师的课堂笔记需要课后整理，比较费劲。然而正是因为他要学生再复习一遍，自己找到该记清楚的地方，才对内容有更深的"自己"的理解。在指导实验时也是如此，他并不具体告诉你详细的终点变化，而是要你自己去找那个终点，自己去体会。这种教学方法看似粗放，实则给你前后的大概，而那精确的一点则要学生自己去找，使学生能在粗放中找到精准，也许这是高明的启发式教育，所以高老师给同学的印象是"大而化之"。

高老师用英文讲课，同学们进清华的时候，英文都有一定的基础，但是直接听英文讲课还是比较困难。班上同学想联名写封信给高老师，反映大家听英文讲课比较困难，学得比较慢，希望高老师多用中文讲。那时我们班的班长是曹本熹（后来是二机部总工程师），曹本熹担心全班同学都签名，老师会认为是班长组织的，他怕老师对班长印象不好。大家说那怎么办呢，再一起想办法，后来也是刘维勤想出了办法，那就是全班同学签名签成一个圆圈，所有人的名字都在圈里头，看不出是谁领头的。后来就把这样的一封信给了高老师，高老师接受了同学们的意见，改用中文讲课了。

2008 年 4 月，我们去清华参加了高老师的铜像揭幕典礼。典礼很隆重，原来我们不知道，高崇熙老师曾两度出任清华大学化学系系主任。他 1926 年学成回国，正逢清华大学成立化学系，他与张子高、黄子卿、萨本铁、李运华等人为清华大学化学系奠定了坚实的基础。1928 年高崇熙老师接任化学系系主任。他在为清华大学筹建化学馆的过程中倾注了大量心血，为教学和科研提供了有利条件，他还为化学系建设了一个很好的系图书馆，给学生创造全面的学习条件。在铜像揭幕典礼上，大家算出来高老师培养的学生中出来几十个院士。高老师直接教过的学生有四十多，这中间后来产生了很多院士。现在还在世的院士中，我是年龄最大的。

班上同学开始很多，后来逐步淘汰与分流，还有参加革命去了的，最后只剩下十五个人。

我们清华十级有成就的人很多。姚依林①是我们班的，后来担任过国务院副总理。他在清华读书的时候叫姚克广，先在化学系和我同学，后来转系到社会学系，后来又参加革命了。姚依林那时参加组织学生运动，国民党组织抓他，他没处躲了，就找到冯友兰先生家里。冯友兰先生说，我也不知道你这关躲不躲得过去，先到厨房里躲着，能够躲过去了就没事，要是抓住了，我只能说我不知道这事，是你自己进去的，我也不知道你啥时进去的。后来真还躲过去了。那时他比较胖，同学们叫他姚胖子。我们毕业五十周年的时候在清华校园聚会，姚依林也来了，那天他说我不是以副总理而是以班上同学的身份来参加。照相的时候学校工作人员请他跟老师一起站在前排，他说我是学生，不能和老师坐在一起，还是应该和同学们在一起。

在 30 年代初期，由于北平的特殊环境和清华本身的历史原因，在全国所有大学中，清华的民主风气比较强烈。学校的重要事务，不是凭校长一人独断独行，而是要通过教务会议或教授评议会。学生间的事务，也由

---

① 姚依林（1917—1994），“一二·九”抗日爱国运动的主要领导人之一。新中国成立后，长期担任国务院财贸部门的领导工作。1979 年 7 月，任国务院副总理，分管经济工作。1987 年十三届一中全会当选为中共中央政治局常委。

1936年清华十级化学班游颐和园留影。
前排左起：钟亚杰、黄培云、罗钰如、须浩风

学生自己管。全校有一个整体的“学生自治会”（简称“学生会”），四个年级各有一个“级务委员会”（简称“级委会”），都是每学期改选一次，实行无记名投票选举。武衡①，后来担任过国家科学技术委员会常务副主任，也是我们同学。当时清华大学新生入校第一年不分专业，每人可以凭个人志趣选择公共基础课，第二年才选定自己的专业。后来，他转到了地学系。上大学期间，武衡还被选为校学生会的干部，参与学生自治工作。

曹本熹、罗钰如、须浩风也是我当时的同学。曹本熹后来成为核化工专家、教育家。他在英国伦敦帝国学院化工系研究院获博士学位后，

① 武衡（1914—1999），地质学家、信息学家。曾任国家科学技术委员会常务副主任、党组副书记，中国科学院党组副书记等职。

1946年回国到清华大学执教，是清华大学化工系的筹建人之一，并担任这个系的首届系主任。他主要从事化工教育、核化工的研究和领导工作。后来院系大调整的时候，中央决定筹建北京石油学院，他参与建校筹备工作，正式建院后，他担任教授兼副校长。后来他被调到第二机械工业部工作，任二局副局长兼总工程师，为发展中国的核武器做出了贡献，成为氢弹试制成功的受奖人之一。罗钰如是山西人，他担任过海军司令员肖劲光的秘书，后来还担任了国家海洋局局长。须浩风后来担任国家标准总局副局长。

同学中间我印象最深的是刘维勤，他是苏州人，1948年赴美国马里兰大学研究院留学，获博士学位。他后来成为药学专家，当时正式学医药学、专门研究医药的人才很少，一般从事这个学科的都是学化学的。刘维勤化学系毕业后，专门学医药，很受重视。他回国前还在美国一所大学药学院担任副教授。他从事过抗结核药、抗绿脓杆菌药物的新药研究，后来重点进行抗癫痫药构效关系研究。这个人很有意思，有很多事值得提一提。刘维勤在我们班上活跃极了。他有一个本领：女生的自行车号码他都知道并且记得。他对大伙说："我有重要新闻要发布。"同学都喜欢听他说。他就发布：今天晚上某女生是到哪里去了，某女生又是到哪里去了，因为他看到她们的自行车。清华那个时候，大家都买破自行车骑，几块钱一辆。而刘维勤就能通过自行车号码看到某女生的自行车总是和某男生的车摆在一起，今天晚上，这一对到哪里去了，是在图书馆或是体育馆，那对到哪里去了。大伙聊天，讲个没完没了。大家很热闹地讨论，喜欢听他发布新闻，每当他发布新闻的时候，班上热闹极了。

就是这个刘维勤，后来和我一起到长沙临时大学，又一起参加步行到昆明。他和我都在一大队第五小分队，当时我是小分队队长。我们在走路的过程中，会遇到一些少数民族，说一些特别的话，刘维勤就找一些少数民族小学生来，问他们这个那个怎么说，都给记下来。他说这些语言和汉语听起来好像有明显的区别，但其实区别不是太大，所以你把关键的、常说的词弄清楚了，就可以用这些跟少数民族对话，我也跟着他一起把这些关键词的发音记在日记里。他后来就真的可以和少数民族的朋友简单地说话了。

我们在北平读大学的时候，国难当头，日本人欺负中国人欺负得厉害，人们叫日本人为日本浪人。他们看到黄包车就坐上去，让车夫拉。拉到目的地不仅不给钱，还经常将黄包车夫打伤，警察也不敢管，非常气人。后来日本投降的时候，大家谈想法，谈日本投降以后，做几件什么事情，大家在一起交换意见。刘维勤说："我要做中国浪人，到日本去，让日本人知道中国浪人的厉害。"他用开玩笑的方式，表达自己的心情。

我读季羡林先生的传记，他回忆清华的校风时，总结为：清新、活泼、民主、向上，我也是很认同的。

清华宿舍六院、四院、五院和化学馆在一条线上。黄培云和二哥黄培熙就住在四院

多年来清华有一传统，就是新生入学时必须通过一项"拖尸"（Toss）的仪式，这个仪式由二年级的老生执行，而且也是他们的权利。在新生注册入学那天，由二年级的老生中的活跃分子在

体育馆内楼上楼下布置很多摊位，让新生们分批逐一通过考验，例如翻跟斗、钻狗洞、独脚跳远、向上斜吹羽毛球等等。到了最后，有四个人抓住你的手脚上下抛掷三下，然后在你手背上或臂上甚至脸上盖上“验讫”的蓝印，算是过关。虽然这一传统有些趣味，但也遭到一些人的抵制。我们入学的时候，我们年级反抗，我没有被“拖”。

我倒是对“斗牛”印象很深。“斗牛”是清华学生对打篮球的一个俗称。黄昏的时候，一天的课结束，很多学生到体育馆参加“斗牛”，就是打球时你愿意参加哪边就参加哪边，你打着打着觉得这边不好，愿意参加那边帮那边打也行。人随便多少，这样打法叫“斗牛”，场面非常热闹。

清华很重视体育，我们读书时体育部主任就是马约翰先生，他对学生的要求很严格。那时，清华有一套“体力测验及格标准”，如爬绳、100米跑步、跳远、游泳等等，都有一个合格的标准呢，有一项不及格便不能毕业。马约翰先生是严格照章办事的。我们那时候就被要求横着游过游泳池，25米，我属于不爱活动的，几乎是连扒带抓地过的关。

亲历“一二·九”

1934年我考入清华大学后，对学习环境很满意。后来我到了国外，经过比较，我发现清华的学习条件有些地方并不亚于国外。当时，对学习成绩我是很重视的，每门课程都很认真地学习。有一种说法：两耳不闻窗外事，一心只读圣贤书，我当时就是这样，我的学习成绩在清华是比较好的。

但是当时北京的情况已经很紧张了，1931 年日本人侵东三省后，要将华北特殊化（指日本策划华北自治），他们准备成立冀察政务委员会，要把华北独立出来。当时北京的日本人很多了，他们是日本浪人，一大批一大批跟流氓一样，在北京横行霸道，比如像前面讲的欺侮人力车夫的事。还有，当时银元上人头是袁世凯，后来政府用纸币，银元越来越贵，日本人就将银元运到日本，政府下令禁止出口，日本浪人不管，他们穿的衣服上全是口袋，里面装满了银元，谁都知道他们在偷运银元，但中国法律管不了，他们也不受任何检查，每人带几千块钱到日本，大批银元就这样被偷运走了。大家都很痛恨，但没有办法。

城里学生，主要是北大的，有几百人就出来反对冀察政务委员会。反动政府镇压学生，打死打伤了一些人，具体数目我记不清了，这大大地激怒了更多的学生，这是 1935 年 12 月 9 号的事。12 月 16 日，日本支持的冀察政务委员会将宣布成立，分裂中国。当时是宋哲元负责这个委员会，日本人支持宋哲元。

由于有“一二・九”运动的刺激，大批的学生，北京的学生，开始罢课，支持“一二・九”运动中那批被抓的学生，要求把那批被抓的学生放出来。这就发展成为全国规模的“一二・一六”运动。

“一二・一六”源于“一二・九”，是“一二・九”的延续。“一二・九”运动只有几百人，到“一二・一六”运动时，全北京的大学都罢课，上十万人。原来“一二・九”主要是北大的参加，后来“一二・一六”时又增加了清华、燕京大学。当时尽管学习的条件很好，但有一个很有说服力的说法：“华北虽大，已经摆不下一张平静的书桌。”的确是这样，你想念书，但没法念，本来我傻乎乎的，只想念书，但这样不行，也参加了“一二・一六”运动。

1935年12月16日晨，清华大学率领的城外学生队伍扛着“反对冀察政务委员会”的条幅，浩浩荡荡奔向西直门

那天（12 月 16 日）早晨，清华大学的学生要进城去，与城里的学生会合起来，反对冀察政务委员会，反对宋哲元。过燕京大学门口时，军警把路封起来了，摆上机关枪，不让过去。学生就向军警宣传抗日，军警表示“我们也恨日本人，但上头有命令，不让过去”，学生们只好各自退回，军警们以为学生们放弃游行了。但实际上，清华园是当时平绥铁路的一个小车站，平绥铁路就在墙外边，学生们就从墙上翻过去了，到了校外，沿着铁路往北京去，军警们还在燕京大学门口守着。学生们到西直门，西直门警察赶紧关门。学生中很多骑自行车的往返传递消息，说东便门没关，于是都到东便门，但到达时，东便门也关了。大家又走到西便门，推倒铁路栅栏门后，与城里学生会合，大队人马都往前门走，离前门还有一段距离时，突然听到枪声大作，行人惊慌奔逃，把学生队伍冲得稀巴烂，清华领队的呼吁不要散乱，提议到宣武门会合，原来宣武门是开着的，这时也仓皇关起来了，人们进不去了。

北京城门你们不太熟悉的，城门与地面之间有一段距离，底部有门槛，城门与地面之间的空当由门槛来遮挡，由于关得仓促，没关严，门与门槛之间还有空隙。清华女生陆璀——她个子很小，比我高一级，她是九级的，我是十级的——她把棉大衣一脱，就从门缝里爬进去，从里面开门。军警抓住了她，拉到宣武门上示众。学生们大声呼叫，要求放了陆璀，军警要学生退走之后再放，相持不下，军警怕学生不兑现，学生怕军警不放人，两边坚持到深夜。

城门那边有一个著名的美国人——斯诺目击了陆璀爬进城门和被军警抓住的整个过程，他后来亲自采访了陆璀并向外界大力报道，斯诺对外界宣传说，中国的陆璀可比法国的贞德。外国媒体对中国政府施压，要求停止迫害学生。斯诺30年代已经到了北京，他是后来去延安的，他报道的东西外国人很相信。否则外国人对中国的这事情毫无所知，当然中国政府更不会去故意报道。

现在陆璀还在世，九十多岁了。陆璀最后参加了共产党，她本人也有一段历史，她后来好像嫁给了饶漱石，饶漱石曾任中共中央组织部部长。解放后定“高饶反党集团”，指“高饶集团”反对毛主席，事情搞得很复杂。陆璀与饶漱石离婚后，到了美国，2007年才回国，讲了“一二·九”运动的过程。

军警后来放了陆璀。后来传出消息说，由于学生们的反对，冀察政务委员会无法按原计划宣布成立，运动的目的部分达到了。学生们三四人手挽手联成一排，往回走，夜很黑，我们一脚都是泡，第二天早起，一个个都瘸着腿。这件事已经过去很久了，我回忆起来好像还是不久以前的一件事情。

整个说起来“一二·九”跟“一二·一六”运动是中国共产党起领导作用，但在当时我们很多学生并不知道。在国民党统治阶段，如果你知道是共产党在领导，那就会被抓走，砍头。我就是纯粹一个参加者，一个普普通通的学生参与者，至于运动是怎么组织的，是谁领导的，我当时毫无所知。

长沙临时大学

在 1935 年的时候，清华大学就召开会议准备在北京局势危急的情况下秘密将学校转移至湖南长沙。当年学校就拨巨款以建农学院的名义在长沙左家垅，就是现在的中南大学本部建了两栋大楼（现在的民主楼与和平楼），还建了一栋学生宿舍，同时陆续将许多书籍与教学仪器等从北京通过武汉运往长沙。

1937 年 7 月 7 日卢沟桥事变后，中国的抗日局势已经十分严峻。南京国民政府在庐山召开了一系列会议讨论战局问题。北京大学、清华大学和南开大学三校校长都参与了庐山会议。庐山会议后，国民政府教育部分别致函南开大学校长张伯苓、清华大学校长梅贻琦和北京大学校长蒋梦麟，指定三人分任长沙临时大学筹备委员会委员，三校在长沙合并组成长沙临时大学。

临时大学校址(长沙圣经学院)

1937 年暑假我到上海探亲，才几天，就在报纸上看到发生了“七七事变”。8 月底接到通知说新学期要到长沙上课，我就在暑假结

束后赶到长沙报到。

9月份教育部正式下令，北大、清华、南开联合组成国立长沙临时大学，由教育部长王世杰兼任筹委会主任，蒋梦麟、梅贻琦、张伯苓任常务委员，筹委会委员还有杨振声（秘书主任，教育部代表）、朱经农（湖南省教育厅长）、皮宗石（湖南大学校长）及教授代表胡适（北大）、顾毓琇（清华）和何廉（南开）。

1937年10月，1600多名来自三校的师生经过长途跋涉陆续到达长沙。10月25日，长沙临时大学正式开学。11月1日，学生开始正式上课，这一天被定为西南联合大学校庆日。朱自清、闻一多、陈寅恪、冯友兰、金岳霖、潘光旦、吴有训、顾毓琇等一批教授来到长沙。为了满足学生的要求，校方邀请了一批社会名流来校讲演。来学校演讲的既有湖南省政府主席张治中谈抗战形势；也有获释不久的原中共中央总书记陈独秀谈国际形势；八路军驻长沙办事处负责人徐特立介绍延安的情况。这时国共合作刚刚开始，全民抗战热情高涨。演讲者的政治立场虽然不同，但坚持抗战的信念是一致的。他们的演讲深受学生欢迎。

当时左家垅清华建盖的房舍还未全部完工，也不够用，我们清华学生借住在长沙韭菜园的圣经学校。圣经学校为美国教会所经营，校园环境比较清净，教室内桌椅设备也比较完备，但是全校仅三层正楼一座，宿舍三座，无法容纳众多的师生。除正楼可充分利用作为教室和实验室外，宿舍仅能作为单身教职员宿舍，而男女学生宿舍无着落。不得已，又租借附近的49标营房作为宿舍，还不够，我们很多男生就在学校附近租房子住。我和二哥培熙在附近新盖的民房租了一个地方，没有床，在地板上铺上草，直接睡在上面，吃饭也在那。那时候东西很便宜，学生的伙食都是八九块钱吃一个月。

1937年，日本轰炸长沙后的炸弹坑及炸毁的房子（赵元任摄）

当时虽困难，但还正式上课。后来日本轰炸长沙，第一次轰炸，轰炸完了之后才响警报。那时候日本飞机也是小飞机，飞得很低，随便轰炸。一直到美国飞虎队过来援助，日本飞机才有所收敛。

日本人的轰炸逐渐厉害，后来没法上课。天气晴好时就有轰炸，有警报。大家把自己认为有点珍贵的，比如热水瓶、笔记、书放在床底下，人就跑到山上去。国民党在战场上打得很不理想，处处失利，很快武汉也失守了。武汉失守，长沙就很紧张。所以长沙临时大学就决定搬往昆明，并开始组织步行团。

步行到昆明

1938年2月，教育部决定学校从长沙搬到昆明，当时国内交通非常差，一路上勉强有一条山路可走。重一点的东西搬不动，只能走海外，走广州、香港、越南的海防，通过海防乘火车进云南。当时越南叫安南，只能通过铁路进云南，小轨的窄铁路。云南山路多，建铁路并不容易。还有一条路：从长沙坐汽车到中越边境，经现在的友谊关（中国边境，原名镇南关）、谅山，然后坐小轨车到河内，从河内到昆明。

在严峻的形势下，学校领导最终决定分三条路线开始迁往昆明。大部分教师及眷属、女生和体弱不能步行的学生沿粤汉路经香港、越南进入云南，另一条路线是乘坐汽车，沿湘桂路经广西镇南关、越南进入云南，此外，就是把身体条件尚好的学生组织起一个“湘滇黔旅行团”，沿湘黔公路步行进入云南。每一学校要有教授做领队，清华大学是闻一多和搞地质学的袁复礼、李继侗，清华教授最多。这个旅行团因为是要一路行军，要按照军事编制行军，所以湖南省政府主席张治中就给派了一位中将团长来领导这个军事行动，他就是黄师岳。黄师岳人很正派，开朗，学生很喜欢他。

步行团中清华大学学生最多，两百多人，北大几十人，南开二三十

五分队步行途中合影。一排左一黄培云、左二姜淮章、右三刘维勤、右一杨荣春；二排左一黄培熙、右二林从敏

人。这几路人组织起来，从各自不同的线路往昆明进发。我二哥培熙很主动地坚决要参加步行，我没有那么坚决，但也跟着二哥。参加步行前要检查身体，凡发现问题就不准去。我去检查身体时很紧张，脉搏跳得很快，医生不让我参加步行团，说你别去吧，路上医疗条件差。我说我要步行，于是申请要求复查，复查的医生没那么严格，说再研究决定。经过两次检查，我估计走不成了，只好准备坐船。二哥去报到后，回来告诉我说，你名字已上了步行榜，我非常高兴。步行团学生共编成3个大队18个小分队。我与二哥黄培熙编在一大队二中队五分队。小分队成员有黄明信、林从敏、林从焕、姜淮章、刘维勤、周华章、宋叔和、白冲浩、杨砚零、范仲廉、欧伟昌、杨荣春、黄培熙和我等15人，我被选为小分队队长。

出发之前，黄师岳团长发表了讲话，认为这次行军的重大意义可与历史上的张骞通西域、玄奘游天竺、郑和下西洋相比。听了这番话，我们都很激动。在行军途中，学校倡导有交通工具的要尽量利用，完全步行太辛苦。大部分人都是走一段很短的路就上船，到了离常德很远的军山铺①，因为水浅船大，学生只好下船步行。出发前，老师就告诉我们不要穿皮鞋，也不要穿胶鞋，最好是布鞋。我们就穿布鞋。到路上之后呢，才知道最好是草鞋。穿着一双，腰里还别着一双。草鞋穿一天就烂了，就可以再换上一双。反正草鞋到处都有卖的，几个铜板一双。头几天脚都起泡，几天以后才能够走得很快。

学校只有一部卡车，我们早上五点钟起来，把铺盖打好，陆续运到卡车上去，往往一次运不完。我们开始一天走的路距离很短，最多走二三十公里。卡车先把到前站安排的人、厨房的炊事人员运走，以便为要来的几

① 今湖南省常德市汉寿县境内。

百学生准备食宿。一般是有学校的地方就借学校的地方住，没学校就分开住。车很快到了前站，又返回接人，来来回回地运。走不动的人、伤病员可以搭车。我们就这样一站一站地往前走。

当时的生活消费很便宜。一个学生一个月的伙食费不超过十块钱，到了小地方则更便宜。有困难的学生一个月花五六块大洋即可以维持生活。那时还没有货币贬值现象，一般的零花只需几分钱。学校给参加步行团的学生每月十块钱津贴。

一路上我们伙食吃得很好，慢慢走着，步行的生活我们也就习惯了。早上军号一吹，我们就卷被子，赶快吃完饭，就往前走。我们穿着黄色的制服，罩着黑色的棉大衣。因为经常下雨，就带着一把雨伞，带一个饭盒，装上中饭，带着一个军用水壶。开始走的时候还列队行进，大家走得很整齐，后来走得快的走到了前面，慢的就落在后面。一路上大家有说有笑，感觉还挺舒服的。

后来走到了湘西，那里本来就很贫困，这时的生活越来越困难。湘西的老百姓很年轻的时候就为自己准备棺材，因为假如突然得病去世，要找个棺材是很不容易的事情。他们楼上住人，楼下养牲口，棺材也摆在楼下。我们走到那，常常分住几家，有的就住在楼下，住在棺材里。当时有个同学叫林从敏，他喜欢开玩笑，有时抬一抬棺材，说“空的，没人”或“好重，恐怕有人”来恐吓我们。林从敏步行时是我这一队的。他还有一个弟弟叫林从焕，年纪很小，总是跟着林从敏，要和哥哥一起步行。当时领导不同意，说你又不是清华北大南开的，年纪又小。但他一定要跟着走，领导没办法，只好收留他在步行的队伍里。解放后林从焕在金属学会，有次我老伴到北京送资料到那去，他们聊天时，他还能唱起当时步行团抵达昆明的歌。林从敏后来到美国，拿到医药学博士，在美国一个很大的叫 LILY 的医药公司工作，做出了很大的贡献，这家医药公司很重视林从敏。林从敏的夫人叫林霞，也是清华十级的。林霞在美国多年，一直想回国来，她后来得了帕金森症，发病的时候就会抽搐抖动。她票都买好了，想回国来看看，临行时医生不同意她回来，结果她号啕大哭，这反映了海外华人想回回不来时候的心情。林霞后来在异乡去世，未能叶落归根。

步行途中，还有一些人一些事情给我印象很深。

一个是北大的老师曾昭抡[①]教授，新中国政府成立后他曾任教育部副部长。他步行时不穿制服，穿长衫，下决心要走完三千多里路。进贵州后山路越来越多，从山下盘着山往上走，山高时有几十盘，有“山路四十八盘”的说法。我们上山时有时直接爬上去，下山则可以滑，可以溜，可以少走很多“盘”，但曾老师坚持一步步走，真正做到了步行三千里。他的精神令人敬佩。

闻一多教授也一路给人留下很深刻的印象。在当时他并不像后来所表现的很进步，给我们更多的感觉是一个诗人、画家。一路上他老背着一个画板，还带上一个小板凳。走到风景优美的地方，就坐下来，用笔在纸上画起来。他画得很好，步行的学生经过都会停下来看一看他画的画。走到人多的地方，看画的人更多，当地的行人都围过来看，尤其是农民，他们都称赞画画得好。我相信他原来是个很理想化的诗人、画家，这一路的见闻对他有着很大的影响。后来到了昆明，大家想听他说感想，他就把对当时国民党政府的印象说出来，对政府的腐败现象也有所披露，使他更受广大人民群众的支持，离革命的道路越来越近，成了革命家。后来反动政府恐吓他，不准他乱讲，但他不怕，最后被特务暗杀了。

---

① 曾昭抡（1899—1967），化学家、教育家，中国科学院院士（1955）。曾任北京大学教务长兼化学系主任，教育部副部长兼高教司司长。

步行团团长黄师岳也很有意思。他有一个怀表，说这个怀表用了几十年，非常准，非常可靠。但我们由东到西，有时差，从长沙走到昆明时差有一个小时。黄团长说他不懂时差，坚持以自己的表为准。我们本来是五点起床，按他的表就得四点起床。后来我们也习惯了，反正半夜并不太冷，有月光路上也很好走。

吴征镒①，后来成为有名的植物学家。他是清华九级的学生，和我们一起参加步行团的时候，他刚刚毕业，担任清华大学生物系的助教。那个时候，我的二哥黄培熙也在教师步行的队伍里，培熙是很热心的人。吴征镒和培熙，在当时的教师队伍里，是两个最年轻的人，两人非常要好。吴征镒很欣赏培熙，培熙当时负责照相记录，实际上照相记录的事情不是很多，因此培熙总是非常热心地帮助其他老师。比如说打被褥卷，年轻人很快就将被褥卷打好，放到指定的地方等车子运走。那些年老些的老师打被褥卷有些困难，所以培熙总是帮他们打好被褥卷，送到指定地方去。吴征镒总是和培熙合作，一起帮助其他年纪大的教师。

在路上走的时候，吴征镒到处找标本，所以走得很慢，我们走在后面的学生总是碰得到他。碰到他时，他就给我们讲这里的植物突出的地方，他发现有几种植物还不知道叫什么名字，需要查，也可能是新物种。他把这些情况讲给我们听，大家也愿意听他讲。吴征镒一直记得我们两兄弟，特别是培熙。后来我和老伴到云南昆明拜访他的时候，他总问培熙情况怎么样。

吴征镒花了45年主编出版了126册的《中国植物志》，里头都是植物的图和描述，中国主要的植物都记载了。

贵州也是步行途中给我印象很深的地方。我们快到贵州时，听广播知

① 吴征镒（1916—2013），植物学家，中国科学院院士（1955）。曾获2007年度国家最高科学技术奖。

道台儿庄大捷。我们非常高兴，想喝点酒庆祝。贵州是茅台酒的出产地，酒便宜，我们一碗一碗地喝。黄团长还买了一大坛茅台酒，搁在车上，走到目的地昆明后，他拿出酒来请大家一起分享。

步行团步行的时候在冬末春初，正是湘西和贵州"天无三日晴"的时候，天天下雨，但没有影响大家一边行路一边考察的热情。地质系的学生跟着地质系的教授沿路采集矿物标本，生物系的学生就跟着李继侗教授采集植物标本。还有文学系的学生沿途采风，沿途少数民族的民间文学，还有民歌，他们记录下来了，还有人专门就画那个窗棂。

贵州地貌复杂，有很多溶洞。吴征镒等人听说附近有溶洞，都会去看，他们看到了许多溶岩地貌的特点，又向团员们传播。其中尤为突出的是在镇宁县的一个溶洞，叫伙牛洞，因何得名呢，就是因为这个洞是牧童发现的，"伙牛"的意思就是把牛聚在一起以后，牧童再进去玩。现在不知道这个洞还存在不存在。这个溶洞进去很困难，要爬进去，但进去以后却很大，有两个大厅，其中后进的一个厅中间是潭水，在里面一个人唱歌听上去就好像大合唱一样，四面的石钟乳千奇百怪，会共振，钟乳都是雪白的。到那里游玩的人很少，吴征镒他们考察后在团里一宣传，第二天我们大家都去看。

步行团中，学地质那些团员，他们有的带着小锤子，这里锤锤，那里锤锤，说："我找到化石了！"有的还说找到的是蛤蜊化石。清华十级的宋叔和就是这中间的一个人，后来也是科学院院士，2008年去世了。他和我们在一起的时候，也是经常给我们讲这个山上地质方面特别的地方。比如说，在山顶上拣到的化石多极了，三亿四亿年前海底的，怎么跑到山顶上去了呢。他就讲那时贵州还是古海，海底的生物变成化石了，在造山运动中给弄到山顶上去了。

有的时候碰到很奇怪的现象，走着碰到一条河，走着走着，河就不见了。河跑到哪里去了呢，他说到地底下去了。有的时候突然又冒出一条河，原来没有的，从地底下冒出来的。他就给我们讲这些地质问题。当时他们用鸭子来探测，把鸭子系上牌子，说明这些鸭子是做记录用的，如果你在哪里发现了它们，请送到哪里，可以用两只鸭子甚至三只来换这有牌子的鸭子，只是要告诉我是在哪里发现这做记录的鸭子的。他们用这种方法来探测地下水从哪里冒出来。

我们过盘江①铁索桥的时候，据说是因为铁索桥走车，载重太大，桥坏了。盘江的水非常急，波涛汹涌，我们过江全靠小船。船只能载五六个人。船夫是绝对的指挥家，载多少人由他决定。他要说这人太重，只能上五个，不能上六个，就只能依他。船很窄很小，我们不能站起来，只能蹲着，太危险，一不小心船就翻了。船沿着岸往上走，江边有一道绳子，船夫就拉着绳子往上游走。走到一个他知道的地方，他就说："大家注意，别动，蹲稳了！"然后把篙一推，"呜！"船就顺着水斜着往下漂，一般只有几秒钟就冲到对岸去了。船夫很有经验，他知道在什么地方停下来，就刚好能冲到他要停的地方。人就上去，空的船也这样走回到原地。学生又可以上五六个人，就这样周而复始。闻一多教授当时也和我们一样蹲在船上，戴着帽子。

车怎么过江呢？当时想了个办法：两岸借换汽车，这样两边就都有汽车用了。当时开的是"木炭汽车"②。这么大一个炉子，圆的，里面烧木

---

① 盘江位于贵州省贵定县城西南部，是贵州通往两广及湖南等地的交通咽喉。

② 20世纪30年代，中国的汽车达4万多辆，这些汽车的燃油全部依赖进口。抗战前夕，南京政府成立了资源委员会，与商业部一道开发研制以木炭为燃料的汽车。留法归来的工程师汤仲明，向恭柱，向德弟兄和吴汉等人1930年研制成功了"木炭代油炉"，用于汽车，这种木炭汽车时速可达26千米。一直到50年代末，在中国进口石油及自产石油量大增之后，木炭汽车才被淘汰。

炭，控制火不要太大，让空气进去，不要让炭完全燃烧，只生成一氧化碳，用一氧化碳发动引擎。这样的汽车马力很小，有50匹就很不错了，相当于现在汽车马力的一半。当时盘江那边的汽车烧汽油，我们这边烧木炭，两边借换，互相签好协议，解决了问题。

但行李就不好过去了，多轻多重，不好控制。所以一般是学生先过去，行李要后一两天才能运过去。过了盘江，晚上也没有地方去，我们就在附近的人家里头过夜。天气很冷，晚上更冷，我们多半在厨房，借灶火的余热过夜。像曾昭抡、闻一多都跟我们一样，学生没地方睡，他们也没地方睡。唯独南开大学的黄子坚副团长住在小店里面。学生都不服气，说："大家都没有地方睡，没有东西吃，团长怎么就住在宾馆里?!"就吵，要打架。后来这个劝，那个劝，才劝住了。但黄副团长也有他的理由："我得筹划下一步怎么走。"现在想想这也是个理由。大家就只好继续在那里等，有的等一两天才等到自己的行李。黄副团长牵着条狼狗，让人看来都害怕。学生有病、受伤才能上车，他是领导，口里说要步行三千，汽车每次从他身边经过问他上不上，他也不客气，上了车仍然牵着狼狗，学生们就讥笑他："你步行三千，怎么尽坐车啊?"他觉得学生太不体谅他，而学生也不信任他，认为他去打前站的理由是托词。总之大家很喜欢曾昭抡、闻一多，不喜欢黄副团长，包括我在内也是这样。

我们的同学中间有一个叫黄明信的，是清华历史系的，他和我的学号是连号的，我们清华每个学生有一个学号，我是2385，他是2384，还有一个黄茂光是2383，我们三个人连号，黄茂光去世了，现在只剩下我和黄明信连号了。黄明信觉得学历史的人很多，想做一点别人做得很少的事情，就想学藏文。他先是到北京雍和宫，跟喇嘛学西藏文。他很努力，学得很好，成绩很好，很得喇嘛赏识。但是喇嘛说，“我们对西藏的文化掌握不是很多，你清华毕业，又在这学得这么好，再往下学，我们就无能为力了。”介绍他到甘肃南部的拉卜楞寺继续学习。他就去了，从事藏传佛教学习与研究。他又学得很好，学到很高的级别。他差不多把西藏的历史文化都掌握了，语言越学越精通，他还用西藏文写论文。再学下去，他要升到活佛级了。他还要求继续学，但是他是家中的独子，而且可能叔伯们都在他身上寄托希望，为黄家继承香火。他母亲知道这些情况后，就找到甘肃，哭哭啼啼地求喇嘛，别让他继续学下去了，又哭又吵。看到这种情况，喇嘛就和黄明信谈，说你再继续学下去是不合适的，会影响其他人的修行，要他还俗。这样最后黄明信跟母亲回家，还俗成亲了。他的经历太特殊了。

黄明信是步行团黄子坚副团长的侄子，在步行团的时候，实际上是黄教授的秘书，他年轻，帮副团长做些杂事。同学们大多对黄副团长印象不好。黄明信极力维护他的长辈，老跟同学们谈不拢。黄明信是个很内向的人。他是大学毕业以后学藏文的。

总的来讲，当时的师生关系很好。参加步行的老师都特别关心学生，像曾昭抡、闻一多老师学生都很喜欢。尤其是过河时学生与黄副团长一吵，教授们就更注意了。他们与学生们吃也一样，走也一样，住也一样。整个步行，给每一个参加的人都留下了深刻的印象。

一路上没有伤亡。老师们参加步行前检查身体特别仔细，有点小毛病就不让参加了。偶尔个别学生支持不住，就送到医院治疗去了。走两个多月没有大的疾病发生，更谈不上死亡问题了。我们吃得很好，比在学校吃得还好，在生活条件上大家挺满意的。学生们都很年轻，步行虽然辛苦，但大家劲头都很足。

准备为步行团献花篮的姑娘们。自左：章延、章斐、赵如兰、赵新那（赵元任摄）

这次步行我们接触并了解到湘、黔、滇民间的实际疾苦。贵州是新生活运动[①]的标准省份，要求戒毒戒烟。我们到了贵州才知道，所谓的标准省份是骗人的。就是沿着公路的地方才没有抽大烟的，再过去一点就发现田里种的全是鸦片，花开得很好看。小道上人们一担一担挑着的也全是烟土。抽大烟的人很多，一到晚上，到处都能闻到大烟的味道。所谓的“新生活”样板都是骗人的。这些事实教育了所有参加步行的学生，至少我自己，原来完全不知道这些，也相信主流媒体说的。

就这样，我们于 1938 年 2 月 19 日由长沙出发，沿公路经常德、沅陵、芷江、晃县进贵州省，经玉屏、镇远、贵阳、安顺、镇宁、普安进云

① 新生活运动（简称新运），指 1934 年至 1949 年中华民国政府推出的公民教育运动。1934 年 2 月 19 日，蒋介石在南昌行营扩大纪念周上讲演《新生活运动之要义》，发起新生活运动，提出要以孔孟的“四维”（礼、义、廉、耻）、“八德”（忠、孝、仁、爱、信、义、和、平）为道德标准，统一人们的思想。

南省，经沾益、曲靖，4 月 28 日到昆明，共行 69 日，全程 1670 公里。到了昆明后，从海防走的先到的学生来迎接我们步行团，在这里我第一次碰到了我后来的老伴，她跟几位姑娘在昆明拓东路口给我们献花。当然那个时候我们并不认识，直到我留学美国，才在清华同学会聚会时真正认识她。

步行途中不少同学记了日记，我也记了日记，每天睡觉以前把当天的见闻记下来。“文革”期间我被抄家六次，这本日记也被抄走，再也不见了。

西南联大第一届毕业生

“万里长征，辞却了，五朝宫阙；暂驻足，衡山湘水，又成离别。”这是西南联大校歌中的第一句。这种感受我们每一个经历过那段历史的人现在回想起来还是很真切。

“长沙临时大学”迁昆明后正式定名称为“国立西南联合大学”。西南联大成立，是为了把大学教育的长明灯持续下来，保持我国学术文化不中断。三校各推一人为常委：蒋梦麟（北大）、梅贻琦（清华）、张伯苓（南开）。三校常委集体负责领导。因张伯苓常驻重庆，蒋梦麟也常在昆明与重庆两地，常委长期主持人是梅贻琦校长。

西南联大办校正值战争年代，有一半的日子天天躲避日寇飞机轰炸。那期间物价飞涨，师生在半饥半饱状况下，却为中华民族培养了一大批人才。西南联大最值得怀念的是它自由宽容的学风，当时让老师和学生凝聚在一起的是爱国的情怀。

西南联大汇聚了当时著名的教授，也把原来北大、清华、南开三校奉行多年，行之有效的方针延续了下来。联大学生无疑是幸运的，在战时的中国，能够拥有中国最著名的三所高校的师资，在精神与学术上受到多重熏陶。西南联大采用了很好的教学传统，即最有名的教授，讲普通的基本课程。吴有训在联大主要讲普通物理学。生物学由当时生物学界最有名的陈桢教授讲授，不但大学，中学生物课的讲义也是他写的。数学课则由熊庆来教授讲授。杨石先教授兼任了联大教务长，他每周步行十几里路到联大工学院给学生上普通化学课，在化学系还给高年级学生开药物化学、天然产物和植物碱等专业课。这样培养出来的学生能从名教授那里获得最基本的知识，对学生的长远发展是有利的。所以西南联大能够培养出李政道、杨振宁等获诺贝尔奖的科学家，成为院士的那就更多了。

经历过抗日战争，我深刻感受到爱国主义氛围对人才培养的重要性。西南联大的教授们在抗战前生活是非常优裕的，但是国难时期，他们的生活非常清苦，住的房子的墙壁甚至是泥糊的，冬天还漏风，他们穿着长衫，或穿着皮夹克，有的胡子留得很长，说看不到胜利就不刮胡子。但教授们都能够一如既往地全身心地投入到学问中去。

学生们也是这样，我们到长沙临时大学后，同学间就多次发生争论：我们现在还应该上学吗？我们应该去打仗，作为一个有血性的男儿，跟我们同龄的人都在当兵。但当时教授们说，战争总要过去的，我们这个民族在战后还要建设，要复兴。我们为什么挨打？我们要强盛，所以我们的读书不能中断，我们培育人才不能中断。这种论点很快就说服了大部分的人，这就确定了西南联大读书的性质，就是为国读书，为救国而读书，要和前方的将士用一样的心情来读书。

西南联大在教学条件上，远较战前清华为差。由于战事影响，大部分仪器设备未能迁出，沦于敌手，迁出的部分贵重图书也毁于日机的轰炸。我们读书的时候，不仅仪器设备差，图书也十分缺乏，我们经常要上图书馆排长队挤借。联大抓体育抓得很紧，功课都及格、体育不及格不能毕业。联大还规定，文科学生必选一门自然科学，理科学生必选一门人文科学，目的在于培养通识人才。

联大教授重创新，都以讲自己的教材为荣，讲现成的教科书为不光彩。从教学来说，我觉得我们现在的大学还应该学这样的做法。我们现在的普通化学是由助教讲。他能够讲，但这样讲是照本宣科，拿着讲义背诵，跟录音机没多大区别，与名教授上课不一样。这个传统在国际上很多学校都是这样的，普通物理、化学、生物学都是请最有名的、水平最高的教授讲，很多教授甚至争论：为什么不让我讲普通物理？而现在我们的许多大学，名教授都讲高等物理，而把普通物理分给刚来的老师讲，使学生受到影响。

西南联大在昆明，昆明很小，容不下三个学校的学生。因此，西南联大的理工科设在昆明，而文法、经济、历史与人文学科的有关老师和学生都在蒙自[①]，比如闻一多就是其一。

在昆明，原来的农业学校的教学楼作为理学院的主楼，工学科则设在一个会馆。当时的交通很不方便，我在化学系，属理学院，所以学习的地点就在昆明的西郊。我的同学屠守锷在工学院，在昆明东郊的一个会馆，后来清华的风洞也建在城东。所以那时虽然都在联大，但理学院与工学院的学生不太认识。我早期和屠守锷也不认识，他在城东，我在城西。

农业学校地方太小，容不下清华、北大化学系的学生，就盖了很多的

---

① 蒙自地处云南省东南部，北距昆明 289 千米，南距国家级口岸河口 168 千米。东临文山县，南接屏边苗族自治县，西连个旧市，北与开远市接壤。

实验室，现在昆明还保留了一栋当时的化学实验室，如有机会，值得去看看。那个房子非常的简陋，基本上就是树皮盖的，也没那么多砖瓦，墙是土墙，看起来很不像个样子。但里边课桌、实验室设备、水电都有，大家就在那里学习，在树皮房子里做实验。现在这些房子大部分都拆掉了，只剩下一栋供展览。

去工学院要花很长的时间，我没去过，也不知道是什么样子。蒙自我也没去过，但听说那边还有几栋房子，在当时比昆明会馆条件还好些，所以文法学院的老师和学生很愿意去蒙自。那时文法学院的老师和学生还不多。

现在我常常想，大学应该是培养有力量的爱国者的地方。我说的爱国者不是针对一个国体、一个机制而言的，而是针对形成一个国家、民族的最广大的整体利益。这一点西南联大给我们做出了榜样。

现在社会上谈西南联大，大家都认为西南联大出了惊人之多的有成就的人，出了很多院士，还有诺贝尔奖获得者。我个人的看法是：大学是人一生中很重要的阶段，但个人离开学校之后的继续努力也非常重要。一个人大学毕业后还有几十年，他的成功不能只归功于大学阶段，只能说在联大打下了非常好的基础，是博而宽的基础。有了好的基础，还需要在以后的日子里，不断提高，才能取得大的成就。

金属研究所若干事

清华“特种研究所”是指利用庚款基金利息先后建立的 5 个研究所的统称，即农业、航空、无线电、金属、国情普查等研究所。清华特种研究所委员会主席由物理学家叶企孙担任。这些研究所创办的宗旨，都是设立应用型学术研究机构，为中华民族的抗战事业服务。

在这些研究所中，最先成立的是农业研究所，这个所的主要研究方向为当时我国农业急需解决的问题。分设虫害、病害两组，分别由刘崇乐、戴芳澜主持工作；1938 年迁昆明后，又增设植物生理组，由汤佩松负责。“九一八”事变后日益加深的民族危机，迫切需要加强与国防有密切关系的学科的研究。为此，清华又先后成立了航空、无线电、金属学等研究所。

航空研究所成立于 1936 年，顾毓琇、庄前鼎分别担任正、副所长。无线电研究所从 1934 年秋就开始筹设，1937 年秋在长沙正式成立，所长任之恭，它以解决当时发展无线电工程急需的电讯及电子管制造技术问题为研究方向。金属研究所于 1936 年开始在长沙筹备，1938 年夏正式成立于昆明，由联大物理系主任吴有训兼任所长。

在日本飞机空袭最频繁的时候，为着安全，联大的这些研究机构疏散到昆明郊外。清华文科研究所、北大文科研究所相继搬到昆明东郊龙泉镇，而五个特种研究所除了航空研究所外，其他四个研究所均设在西郊大普吉。

金属研究所的全称是“清华大学金属学研究所”。在大普吉的时候，和无线电研究所在一个院子里，不是最大的研究所，那时最大的研究所是农业研究所，建筑也比金属学研究所好一些。金属所那时候都是土墙，干打垒。做法是先挖比较结实的地基，然后把泥巴捣进去，用两块板子再夹在边上，上头再加一块板子，它就冒出地面了。周围放柴火，把柴火烧起来，把冒出地面的泥烧得很结实，就不怕雨水泡了。这样再往上垒，再用板子这样往上制作，就搭成一面墙了。把墙弄起来，一般用木头做梁架起来，屋顶用草或树皮，主要用树皮做屋顶，这样就把房子盖起来。

那时候有电，没有自来水。大院子里有一口井，水就靠井水。搭一个木架子，用泵把井水抽到上面的一个大桶里，然后水就可以从高处往下流，流到实验室里，和自来水一样。有电有水，一般的实验就可以做了，两个所都这样用。

清华金属学研究所刚成立时，就三个人。吴有训是所长，还有吴老师在清华的助手孙珍宝，吴老师比较欣赏他。孙珍宝解放后在钢铁研究总院工作。加上我在内，三个人。我当时是助教。清华的X光仪器保存得很好，孙珍宝他们起了很大的作用。后来余瑞璜[①]从英国回来，金属学研究所就有四个人了，以后逐渐又有人来。

吴有训是物理学教授，我是学化学的，他为什么会选了我，这个我也说不清楚。我猜想，他可能与张子高等这些化学系的教授商量过，我当时在清华的学习成绩比较好，可能老师们觉得这个学生还有培养前途。我也很高兴，一毕业就被老师选中了，我就去了，那是1938年夏天。

余瑞璜东南大学毕业后，在清华大学物理系担任过几年助教。后来在英国留学，获曼彻斯特大学博士学位。他师从诺贝尔奖获得者、X光结构分析的创始人W. L. 布拉格（Bragg）教授。余瑞璜回国后到金属所工作，这样看起来，金属所的师资是很强的。余瑞璜的脑子很灵活，虽然他的老师是获诺贝尔奖的大学者，但他很想用自己的思想来指导自己的工作。他认为创新的东西不能用老一套的办法来进行。他喜欢先提假设，再下功夫研究证明假设的办法。他不赞同老的传统的方法：从已有定律中去扩充定律。他认为这只能有小改进，不能有大发明。

他敢于假设，我认为是值得佩服的，但从方法上讲还是有问题。假设

① 余瑞璜（1906—1997），物理学家、教育家，中国科学院院士（1955）。民盟中央委员。

未经证明，按此假设做工作，找不到解决办法，最后不得不接受假设不行。这种教训我在金属所看到过。余瑞璜的一个研究生按余瑞璜的思路解一个数学题，按假设做出来的结果完全不是那么回事，所以这个研究生很失望，不愿再跟他学习，最后这个学生离开金属所，不愉快地走了。

但余瑞璜不放弃自己的做法，找一个假设不行，又找第二个假设。如果第二个假设能够成立，则可证明第一个假设的成立。这样，第一、第二个假设均可成立。如果第二个假设仍无法证明，再用第三个假设，甚至用到第四、第五个假设。我走后听说他是找到了第四、第五个假设并证明了它们成立。不过学术界也有人不承认他的这种做法，但他的理论影响很大。

吴有训要我做余瑞璜的助手。当时我的薪金大概是每月五六十大洋，这很不错了，当时的生活费又低，每月只需十个大洋。北大、南开的老师工资没有清华这么高。

研究所成立刚开始是安装设备的阶段，余瑞璜 1939 年 1 月到金属学研究所后，就把他在英国做实验的一些数据带回中国来，是做 X 光分析的数据。他和大家一起克服了很多困难建起了 X 光实验室。他借来高压变压器，配上自制的石英管和真空抽气机，做成了中国第一个连续抽空 X 光管，并用这台仪器重复了印度 C. V. 拉曼（Raman）当时刚发表的 Nacl 弥散衍射。结合国家生产的需要，他还用这台 X 光机分析了云南、贵州的硬铝石铝矿。

我毕业后的第一篇论文是余瑞璜指导的。实验数据是余瑞璜在英国做的，对数据的解释是他指导我进行的，他教我，要我来做分析的工作。我们先着手进行的是“硝酸镍四氨复盐低温晶体结构的 X 光傅立叶分析”的研究，我以此为题，写成我大学毕业后第一篇科学研究论文。通过这项工作，我掌握了 X 光衍射进行晶体分析的技术，这对我后来的工作影响很大。

那时候做 X 光分析是很辛苦的，不像现在设备买来用就可以了。当时的 X 光设备不像现在这么方便，都是临时自己做。比如抽真空，现在是用机器泵抽，当时我们是自己抽，每个实验都要花一个多钟头抽真空，才能开始实验。那时候做不同的 X 光分析要用不同的靶，都得自己装靶，有的时候要用铜的靶，有时候要用铬的靶，有的时候要用铁的靶，有的时候要用钨的靶。都是用真空胶封起来，不漏气了再加热把它抽出来，换上所需要用的靶，再抽真空。那时候做 X 光分析实验是很烦琐、很困难的。当时不光中国是这样做，麻省理工学院也是这样做的。后来我到麻省理工学院，他们很诧异，你怎么也会做这样的实验？我说，我在中国就是这样做实验的。实际上余瑞璜在英国也是这样做的，要用铜靶的时候换铜靶，用钨靶的时候换钨靶。我在麻省理工学院能够很适应，其实是因为在西南联大的时候学习的实验方法相同。

当时进行的研究为了结合抗战的实际需要，特别注重科学在国防军事及工业生产方面的应用研究，尽力服务抗战、支援前方。我们知道，清华无线电研究所研制成功了中国的第一个电子管，航空研究所与航空学校等单位合作，研究飞机构造、飞机材料实验、风洞试验、航空气象等许多问题。该所空气动力学组，曾为航空委员会及所属的两个飞机制造厂设计新飞机模型数种。1940 年迁往昆明白龙潭后克服困难建起当时国内唯一的五英尺航空风洞，把飞机模型放到风洞里，用风去吹，模拟飞机飞行的情况，用各种仪器去测各个部位受力的情况。这些实验对航空事业与国防事业都有用。航空研究所还采纳美国飞虎队陈纳德将军的建议，与空军军官学校合办试飞员训练班，培养试飞员。植物生理研究所利用云南所产的植物，制造润滑油、石蜡、生长素、葡萄糖、氯酸钾等。

无线电研究所和我们金属研究所在制造真空管、设计及制造通讯机器、训练通讯军官、为矿务局及兵工厂冶炼合金等方面为抗战提供技术支持，并协助美国盟军举办无线电探空仪训练班。

大普吉虽然地点偏僻，研究所的其他条件也很简陋，但各个所与国际国内科学界保持着比较密切的联系。几乎每周有一个下午在图书室召开学术讨论会或工作进度报告会，不时请所外的学者作学术讲演或进行专题讨论。通过中英科学合作馆和其他渠道，利用难得的“使节书信交换”条件航空运进急需的图书报刊，获得大量珍贵信息，并寄出要及时发表的论文。

这段时间，物质上的生活非常艰苦，但当时大家的意志非常坚强。科研工作严肃紧张，但业余生活还是比较丰富。研究所附近有个排球场，许多人在那进行比赛，还有许多人当拉拉队员，很热闹。无线电研究所在公用的图书馆内安装了一个柜式收音机和电动唱机，有空的时候，就举行唱

2002年黄培云在当年联大教室旧址门前(昆明)

片音乐会。还有歌咏队、桥牌队，还举办过露天舞会。

2002 年我和老伴带着儿子和孙子去了昆明，找不到大普吉金属研究所了，那里已经大变样了。我们在当年西南联大一间教室门口照了张相，告诉孩子们这是我当年学习过的地方。而在西南联大纪念碑上，他们也看到了二伯父黄培熙和我的名字。

公费留学考试，特别是庚款留学选拔考试，竞争十分激烈，采用统一考试，录取人数少，选拔标准极为严格。

麻省理工学院对博士论文的要求，我们现在看都太苛刻了。比如，成分的化学分析必须是自己做，不能交给分析室去弄，数据错误自己负责。自己做样品，自己做X光检查……有的严苛到了不讲理的程度。

第3章 留学美国

第五届庚款留美考试

在近代史上，中国政府第二次有计划地大规模向海外派出留学生，是20世纪初的庚款留美学生的派遣。1909年，第一次招考庚款留学生，考点在北京。清华大学的老校长梅贻琦就是考取第一批庚款留美学生中的一个。

我的岳父赵元任考取的是第二批。据他的自传里记录，1910年7月21日参加第二次庚款留美招考。上午考国文，题目选自《孟子》："不以规矩，不能成方圆说"；而英文试题则颇为时髦："借外债兴建国内铁路之利弊说"。然后等五天，如果以上两门合格再继续参加考试。后来又继续考了西洋史、植物学、动物学、生理学、几何和世界地理等科。400多人应考，最后录取了70人。赵元任考的是第二名，同榜中还有胡适、竺可桢等。这时派出的留学生，相当于美国大学一年级学生的水平，可以直接进入美国大学的二年级学习。后来我们去美国就是读研究生了。

1911 年初，利用庚款而专门为培养赴美留学生的清华学堂正式成立。也就在这一年的 10 月 10 日，辛亥革命爆发，我们国家进入到民国时代。

民国时期，我国的留学教育分为公费留学和自费留学。前者包括由各省派遣的官费生、中央政府和各部门派遣的官费生、庚款留学生以及国际组织和国外大学提供奖学金的留学生四种类型；后者包括由个人自备留学费用或由私立机构资助学生赴国外研究专门学术两种类型。各类留学因经费来源和具体要求不同，其考试选拔办法也存在一定差异。南京国民政府建立后，总体而言，各类公费生的考选是比较规范和严格的。

公费留学考试，特别是庚款留学选拔考试，竞争十分激烈，采用统一考试，录取人数少，选拔标准极为严格。后来我看有资料说，1933—1943 年举办的六届庚款留美考试和 1933—1947 年举办的九届庚款留英考试是民国时期最著名，也是竞争最激烈的公费留学考试。

1938 年夏天我毕业后留在金属研究所担任助教，大概在 1939 年底，听说清华校务会已接教育部命令筹办第五届庚款留美考试。后来我在老同学何炳棣的书里见到，那次考试考了 22 个科门，文法方面只有工商管理和经济史，除医学（外科）、制药学、农学、纺织外，其余 16 门尽属工程。[①] 考试日期定为 1940 年 8 月下旬，考试地点定为重庆、昆明、香港。

我征求老师意见，几个老师都说我适合去考。那时候招考钢铁和非铁，吴有训老师建议我考非铁，陈新民考钢铁。陈新民后来是中南矿冶学

① 何炳棣著《读史阅世六十年》，广西师范大学出版社。

黄培云1941年出国时的单人照

院的院长。我准备考非铁，即铜、铅、锌等等，但我原来没学过，在考试前的准备就是先去了解冶金系要学些什么东西，现在通用的教科书是什么书，找到后就自学。我用了一年左右时间来准备考试。

由于抗战原因，积压了好几届学生，所以这次考试竞争特别激烈。这次庚款考试除党义（不计分）、国文、英文外，每门要考五个专门科目。屠守锷是清华十二级的，他考航空。我们的考试结果1941年3月公布，我记忆中好像陈新民比我多半分。

第五届庚款留美考试录取了17个人：屠守锷、蒋明谦、叶玄、吕保维、陈新民、黄家驷、励润生、陈樂生、胡宁、梁治明、孟庆基（孟少农）、张培刚、朱宝复、吴保安（吴于廑）、汪德熙、陈耕陶和我。这其中，只有七八个人是清华的学生。蒋明谦是北大的，黄家驷是协和医学院的，张培刚是武汉大学的，吴保安是东吴大学的，等等。

我们在发榜之后，还有一年准备期。准备期里事情很多，首先要申请学校，我想到麻省理工学院，就得和麻省理工学院联系，希望他们接收。还得接受出国礼仪训练，学习怎么使用刀叉，了解哪些是失礼的行为。我们集中在西南联大接受训练。我们学理工的多半申请的是麻省理工学院，我、陈新民、屠守锷、汪德熙、孟庆基都是。

我们到麻省理工学院后，还给考试了一回。有的专业比如机械，学院看我们中考机械系的学生在大学里学过了相关课程，就直接接收。但是我们这些学冶金的，学院说你大学的成绩单显示你们是没学过冶金的，冶金有这么多种类，你们能否胜任将来的学习，我们不能确定，所以要增加考试。考就考吧，结果我们考出来的成绩非常好，他们就接收了。

留美同学忆旧

我们考取第五届庚款留美考试的这 17 个人很有特点。一是除了去世的之外，都在学成之后回到了祖国。这是我们这一届的特点，前面几届不一定是这样。二是学理工的同学出了很多中国科学院、中国工程院的院士。三是其中有些人被划成了“右派”，据我所知，有陈新民、励润生。

1941年9月第五届庚款留美生赴美前在香港合影。自左至右第一排：屠守锷、蒋明谦、叶玄、吕保维，第二排：陈新民、黄家驷、励润生、陈樂生、黄培云，第三排：胡宁、梁治明、孟庆基、张培刚、朱宝复。另有吴保安、汪德熙、陈耕陶已先期赴美

我们这批同学，是很值得回忆的。

先说屠守锷①，他是浙江人，清华十二级的，也就是1936年入校。他进入清华大学的时候学的是机械系，那时候机械系有一个航空组，抗日战争开始以后，学校迁到长沙才正式成立了航空系，屠守锷就成为航空系的学子。他1940年毕业后到成都的航空研究所，在那里工作。

我们都是当年参加步行团去的昆明，当时我在第一大队，他在第二大队，也都是小分队长，但那时我们并不熟悉，真正熟悉起来是一起考取公费赴美留学资格以后，他和我一起入学麻省理工学院，而且同屋。

屠守锷在麻省理工学院研究生部攻读航空工程，1943年他向麻省理工学院提交了论文《横向加强筋薄板的强度》，获得科学硕士学位。随后，他应聘成为布法罗寇蒂斯飞机制造厂的一名工程师，负责飞机强度分析。1945年9月份日本投降，他10月份就辞去了工作，从东部的布法罗横穿北美大陆，历时40余天，到达西海岸的旧金山。没有客轮，他是搭乘开往青岛的运兵船回国的。他说学航空的人，得把自己所学的用于祖国的航空事业。

回国以后，他发现以前的航空研究所也没有了，那个时候抗日战争刚结束，还是比较混乱，他的老师建议他回学校教书，培养航空人才。这样他又回到清华的航空系。1952年院系大调整的时候，要成立一个航空学院，大概在1954年，成立北京航空学院，也就是北京航天航空大学的前身，他离开了清华，到北京航空学院当教授。

尽管他在飞机设计方面造诣颇深，但1957年他被聂荣臻元帅点将参与筹建国防部五院（导弹研究院）时，他连导弹是什么样子也没有见过。

---

① 屠守锷（1917—2012），火箭技术和结构强度专家，中国科学院院士（1992）。中国导弹与航天事业开创人之一，“两弹一星”功勋奖章获得者。

当时中国的航天事业还很薄弱，都是白手起家，国外信息也封锁得很厉害。在钱学森等人领导下，他和同事们利用当时苏联提供的几枚过了时的导弹，很快就找到了方法，成为导弹设计研制的专家。他后来担任了我国近程、中程导弹副总设计师，远程导弹和“长征二号”运载火箭总设计师，获得“两弹一星”功勋奖章。

他是很令人佩服的。他现在还在北京，与我同年，身体很好。他从中学开始打太极拳，一直坚持不断，有超过半个世纪的太极拳功夫。他除了打太极拳之外，还喜欢听古典音乐、读书。贝多芬、柴可夫斯基、勃拉姆斯等音乐家的作品，我们在美国同屋的时候就都很喜欢，常常买唱片，放唱片听。他读书的范围很广，除了专业书外，文史哲都有涉猎。他现在一般什么活动也不参加，采访他的人一概被他拒绝。但我每次到北京开院士大会，他还是参加，因此开会时常见面。他现在也是资深院士，不参加选举之类的工作了。我每次去北京，总去看看他。我们经常通电话。

蒋明谦①比我大好几岁，他是四川人，毕业于北京大学化学系并留校任教。读大学的时候他就在曾昭抡教授指导下研究有机合成、有机元素分析，并探索元素周期性如何用定量形式表征，与合作者在国内外化学和物理杂志先后发表了好几篇论文。他在美国马里兰大学药学院学习药物化学。1944 年他取得博士学位，被选为美国化学荣誉学会会员，他在美国一家有名的药物研究所当过研究员，从事药物合成方法的研究。蒋明谦 1947 年回的国。他的文学修养很好，喜欢读诗、写诗。

吕保维②是江苏人，他 1939 年毕业于清华大学电机系，1944 年获美

---

① 蒋明谦（1910—1995），有机化学家，中国科学院院士（1980）。毕生致力于理论有机方面的科学研究和人才培养。

② 吕保维（1916—2004），电子学家，中国科学院院士（1980）。中国电波传播科研事业的创始人之一，主持规划和建立合理布局的全国电离层观测站网。

国麻省理工学院硕士学位，1947 年获哈佛大学博士学位。他曾任中国科学院电子学研究所所长，是中国电波传播科学研究事业的创始人之一。

他的留学经历真是多灾多难。我们在香港坐船走了，吕保维因为沙眼没好，没走成。美国人当时对华人是十分歧视的，不但是沙眼，一些小毛病，比如脚气什么的，也不能入境，非常挑剔。结果我们都走了，就他一个人留在香港。那时没有飞机，坐船到美国要 20 多天。但美国后来很快又发生了珍珠港事件，香港也被日本人占领了。所以吕保维只好坐舢板偷渡到大陆，再从大陆找到美国的船。结果他找到的这艘船被德国的潜水艇打中了，他又在救生船上漂流了好几天，被救后才到了美国。

他拿到硕士学位后在哈佛大学攻读无线电，特别是远程无线电，有很高的成就。在美国他一天到晚带着仪器，这里听听，那里听听，被美国人当做间谍抓起来，后来哈佛大学证明他是博士生才放出来。他研究的东西很深，美国人都相信他有很大的成就，但也不懂他研究那些东西的价值。他性格内向，对于这些经历很少谈起，大家都不知道。

我的留美同学中，黄家驷①也是很突出的。他 1933 年毕业于北京协和医学院，获得医学博士学位，毕业后在当时的国立上海医学院执教。他是第五届清华庚款留美考试录取的唯一一位医学专业留学生。抵美后，黄家驷进入密歇根大学医学院，他的导师是欧美胸腔外科专业的创始人。黄家驷勤奋好学，听说他的支气管造影术非常精湛，很难做的手术他都会做，在美国受到了尊敬。

1945 年，黄家驷已经通过全美专家考试取得外科专家资格，但他还是回国了。他搭乘的是太平洋上第一班通航的美军运输机，但听说他旅途

① 黄家驷（1906—1984），医学家、医学教育家，中国科学院院士（1955）。我国胸外科学的奠基人之一，也是我国生物医学工程学的奠基人之一。

中出了点小意外——在印度转机时，他不慎丢失了行李，但全套开展胸外科手术的器械设备却完整无缺地被他带了回来。回国后第二年，黄家驷在上海医学院附属中山医院和红十字会第一医院创建了胸外科，后来还为多家医院创办了胸外科。黄家驷晚年还不遗余力地投身于开拓我国处于萌芽状态的生物医学工程学，为这门边缘学科的建立和发展做了大量工作。

励润生是北洋工学院矿冶系毕业的，留学时就读于柯州矿学院采矿工程系，毕业后他在美国蔼纳康大铜矿公司等大公司担任工程师。1946 年回国，在资源委员会金属矿业管理局任职。建国后他担任过中央财政委员会计划局的工程师，后来长期在云南，担任铜业公司的工程师。他长年深入矿井，改造矿山，为云南的有色金属工业做出了很大贡献。但是他在 1957 年被错划为右派，直到 1962 年才摘帽。听说在摘帽不久，就在一次矿山考察中出事故去世了。

胡宁和我年龄相近，江苏人，先在浙江大学物理系学习，后来转学到清华大学物理系，1938 年毕业后留校为周培源的助教。他人很好，我们一帮人在赴美国的行程中“欺负”他，和他开玩笑。有这么一件事我至今记得：当时美国规定，不允许带植物入境。我们就对胡宁说，“你带的被褥是棉籽做的，也算是植物，报关时要注明啊。”他真的在报关时写上了“植物”，后来我们在途中，美国海关的人乘快艇追上我们的大船，上船检查，发现所谓的“植物”是一床被褥，啼笑皆非，有些生气又没有办法，因为胡宁是认真而规范地填写报关单的。

1941 年他在美国入加州理工学院，研究流体力学和量子力学，1943 年获得博士学位。他还先后在普林斯顿高等研究院、爱尔兰都柏林高能研究院、丹麦哥本哈根波尔研究所、美国康奈尔大学原子核物理研究所等处从事高能理论物理学的研究工作。听说在 1950 年的时候，吴大猷出任加拿大国家科学院理论物理组主任，特约胡宁到加拿大国家科学院讲述量子电动力学的新发展。胡宁在1951年回国，受聘为北京大学物理系教授。

梁治明1936年清华大学土木工程系毕业后在西南联大任教。在美国获得博士学位后他就回国了，先在国立中央大学担任土木系教授。建国后，他在南京大学当教授，院系调整之后，他在南京工学院当教授，主编过《材料力学》《结构力学》等书。

孟少农，原名叫做孟庆基。他在清华比我低一级，是十一级的。他是真正的汽车专家，为我国的汽车工业做出了突出的贡献。我先说印象最深的事，再说他的学习经历。他本来是想学坦克的，但那时美国不准外国人学坦克，所以他学了汽车。我印象深的是他原本对蒋介石非常崇拜，非常相信。崇拜到什么程度呢，别人一提蒋介石他就会马上站起来，行个礼再坐下去，非常虔诚。后来不少人给他做工作，特别是带他到一些地方去看，看这些地方发生的事情，蒋介石和国民党说做得多好多好，他到实地一看，大失所望，最后得出的结论是自己受骗了，态度转了180度。1948年他到解放区延安，陈云很欣赏他。

孟少农是湖南人，他是在家境困难的情况下，考取了清华大学的“清寒公费生”，学习机械专业。留美时他在麻省理工学院研究生院读汽车专业。获得硕士学位后，他和屠守锷都立志于做实践者，他去了福特汽车厂实践，屠守锷进了一家飞机制造厂。福特汽车厂非常器重他，想把他留下来，还有其他公司也看中了他，但他还是回国了。他是1946年6月初在旧金山搭乘战后开通的第一班民用航船回国的，同船的还有后来成为中国物理学界知名学者的钱伟长。孟少农是清华大学第一个教汽车专业的教授，开创了中国高等学府中第一个汽车专业。

建国后，孟少农历任第一汽车制造厂副厂长，第一机械工业部汽车局总工程师，第二汽车制造厂总工程师等。他是我们国家汽车工业创始人之一，我们国家的解放牌汽车和红旗牌轿车的设计、生产和技术改进工作都是由他主持的。他为中国汽车工业培养了许多人才。

朱宝复的情况我知道得不多，好像他回国后在北京水力发电设计院担任过总工程师。

陈耕陶清华大学毕业后在西南联大生物系任教，他在美国学习生物化学，也是1946年回国的，在中央农业实验所担任高级技术官员。解放后，以他为主的科研队伍仿制“六六六”农药粉剂，获得了成功。在五六十年代，名为“六六六”粉剂的农药曾在我国农村普遍推广使用，这种粉剂价廉物美，杀虫力强，对当时的植物保护、增产丰收起了重要作用。文化大革命期间，陈耕陶遭到比较厉害的批斗，身体受到影响，他在1975年病逝了，只有六十多岁。

汪德熙①和我的关系很要好。他1913年出生于北京，他们家四兄弟中，竟出了三位很有名气的科学家。大哥汪德耀是著名的细胞生物学家，二哥汪德昭是著名的水声学家，而汪德熙本人后来成为我国著名的核化学家。

我好像听他说过，他是以第一名的成绩考入北师大附中的，1931年考进清华大学化学系，本科毕业后又继续读研究生。他很崇拜侯德榜，所以选择了比较难的工业化学研究课题。他首先完成了用电解还原法制备有机化合物，用转动电极改善染料中间合成过程中扩散速度的迟缓问题。随后做《用农村纤维素原料制人造丝纸浆》的毕业论文。选定这个题目是因为当时日本的人造丝纺织品充斥中国市场，而中国连人造丝原料都没有。

① 汪德熙（1913—2006），高分子化学家，中国科学院院士（1980）。核化学化工事业主要奠基人之一。

可是，正当研究工作取得满意进展时，“七七”事变爆发了，研究工作被迫中断。

1938 年他曾在八路军冀中军区供给部从事过化工技术工作，研制成功安全的氯酸钾炸药。1938 年底他到西南联合大学化工系担任助教，后来考取庚款生留美，我们都在麻省理工学院。

汪德熙对音乐热爱到了着迷的程度。他有一副优美动听的歌喉，还会拉小提琴、弹钢琴。1944 年到 1945 年期间，第二次世界大战进入最后的决战阶段，美国国内的军用物资非常匮乏，甘油紧缺。汪德熙的博士论文就是《用电解还原葡萄糖制备能替代甘油的重要原料——辛六醇》。由于当时被列为控制物资，他的研究成果未让发表，至今存在麻省理工学院的图书馆里。

汪德熙准备回国的时候说，到底回哪好呢，是回清华还是到天津的南开还是到武汉大学？他写了个单子，把这些地方各自的优点列出来，因为我在武汉大学，他在列武汉大学的优点时，有一条：“我可以任意拿黄培云的唱片。”他知道我有很多古典音乐的唱片。

1947 年，汪德熙回国任南开大学教授。五十年代末，他在天津大学任化工系主任时，成功地将不饱和聚酯玻璃钢这一新型复合材料用于小汽车的制造，当时朱德总司令在玻璃钢汽车上照了相，并连连夸奖，外国专家看了也非常惊讶。这一发明被列为建国十年高分子科研成就中的一项。我听说他用玻璃钢做成漂亮的小船，毛主席、周总理请外国元首乘坐。他还参与了我国第一颗原子弹的研制与成功爆炸。

在“文革”中汪德熙有一阵受过审查，很冤枉的。他曾在八路军冀中军区供给部从事过化工技术工作，那时候八路军抗日的时候用的是土炸药，做鞭炮用的土炸药，把炸药装在挖空的石头里，然后点火爆炸，爆炸力很小，汪德熙就去帮八路军制作新式的炸药，爆炸力强很多。改用新式炸药以后，日本人非常注意，说中国的土八路也用新式炸药了，就到处去追查，看是在哪做的。虽然那时制作新式炸药的点已经比较多，但是汪德熙指导的那个点被日本人找到并破坏了。在极左时期，有人就拿这件事说，为什么你一走，日本人就来了，把炸药制作点毁掉了，是不是你跟日本人有什么关系，就审查汪德熙，审查了很久。本来汪德熙做了很重要的贡献，反而被怀疑是特务，被审查。那时候他本来做保密的原子能所的副所长，文化大革命时弄出这么个问题来审查他，还把他免职了。知道他的人都说，怎么会怀疑到汪德熙呢，他是非常爱国的人啊。我记得后来有一次到北京开会，见到他，他喜形于色地说，“我的问题解决了！”

我们这批被录取的 17 名学生中，绝大多数为理工科。文科只有 2 名，经济史 1 名，被录取的是吴于廑，工商管理 1 名，被录取的是张培刚。

吴于廑原名吴保安，他是东吴大学毕业的，抗战爆发后，吴于廑辗转流离至昆明，经朋友介绍，见到了当时任西南联大法商学院院长兼南开大学经济研究所所长的陈序经教授。陈先生与他只谈了一个小时的话，就发现他才思敏捷，卓尔不群，当即决定他免试入学，作南开经济研究所的研究生。“免试”其实不是“免”，只是变换为更讲实效的“面试”，这种不拘一格的录取方法，也反映了这位具有很高办学才能的学者的慧眼。

吴于廑入哈佛大学文理科研究院深造，先后获文学硕士和哲学博士学位。我在何炳棣的书里看到，吴于廑回国的时候，他的同窗好友、著名美籍华人学者杨联陞，曾以一首归国诗相赠：“思能通贯学能副，舌有风雷笔有神，同辈贤豪虽不少，如君才调恐无伦。”1947 年，吴于廑应武大周鲠生校长的邀请，回国到武汉大学历史系任教。他在 60 年代与周一良共同主编了我国第一部大型世界通史教材，正式建立起我们国家的世界史学科。

张培刚和我的联系比较多，他是武汉大学毕业的，被录取的科目是工商管理，他在哈佛学了三个学期，感到学成后个人可以发财，却无法改变中国贫穷落后和农民困苦的现状，于是便转到经济系，寻找贫穷落后的农业国家如何走上工业化和民富国强的可行路径。

他的博士论文《农业与工业化》在国际学术界最早从历史上和理论上比较系统地探讨农业国工业化的问题，获得了哈佛大学经济学专业 1946—1947 年度最佳论文奖和“大卫・威尔士奖金”，被列为《哈佛经济丛书》第 85 卷出版。要知道，诺贝尔经济学奖是 1969 年才设立的，20 世纪 40 年代哈佛的威尔士奖是全世界最高的荣誉了，这说明我们中国人不比人家差。张培刚是全球华人经济学家中唯一获得威尔士奖的人，也是迄今为止华人经济学家中获奖级别最高的。

张培刚为什么会有研究农业国工业化的想法呢？我们听他说过这一思维的形成过程。他读大学时，修过西洋经济史和外国经济思想史课程。了解到在资本原始积累时期，城市大工业兴起过程中，不断圈地，使广大农民失掉土地，背井离乡，流落城市街头，景象十分悲惨。因此，他总在考虑，中国的工业化过程，如何避免这一惨状发生。即使在今天看来，他那“工业化不能让农民受苦”的理论都是很先进的，但当时没有被采纳，很遗憾。他对工业化的定义跟一般的不同，是把农业作为产业的一个部分，不仅适用于工业社会，也适用于农业社会国家。

张培刚能够写出这么有分量的博士论文，与他在武汉大学读本科打下的扎实基础很有关系。他的英语学得很好，还学了法语、德语。有三种外语的基础，他充分利用哈佛图书馆，大量阅读和引用有关外文书刊。其次，他在本科的其他基础课程也学得很好。

特别遗憾的是，当张培刚准备放开手脚，施展自己的抱负时，历史却给了他不公平的际遇。模仿苏联模式进行院校调整的时候，他被抽调参与华中工学院建院筹备并且负责基建。囿于一所多科性工学院，他没有机会结合经济学专业从事教学和研究工作。他常说靠边站了30年，包括近10年盖房子、搞基建等总务行政工作；逾10年的政治课教学工作，紧接着10年的文化大革命，受审查、挨批判，从事繁重的体力劳动，给他造成了从35岁到65岁整整30年的空白时光。

“文革”结束后，张培刚才在华中这所工科院校里开设了经济学专业，他想把时间弥补一些，特别努力，培养了很多学生，他还担任了华中科技大学经济学院院长，我听说他在85岁的时候成为博士生导师。张培刚比我大几岁，现在应该是九十五岁了，但他仍然在教育战线上继续培养学生。

追忆陈新民

我与陈新民[①]交往数十年，现在想起往事不胜感慨。

陈新民比我大5岁，安徽人。他是清华大学第七级学生，1931年秋考入清华大学化学系，1935年毕业。我是清华大学第十级学生。1934年我考入清华大学是刚入学新生，而陈新民则已是毕业班学生，相互并不认识，但他入学考试名列前茅，在校学习成绩优异，有“七级状元”绰号，这点我是早有所闻的。

毕业后他想走实业救国的道路，先后在几家公司做技术工作。1939

① 陈新民（1912—1992），冶金学家，中国科学院院士（1981）。

年冬天，他辗转到达云南昆明，在中央研究院化学研究所从事润滑油、精盐等抗战急需物资的生产研究。

参加第五届庚款留美考试，他的考分列冶金科榜首。由于考试成绩优异，他还被学校选拔为“纪念林森主席奖”获得者。照规定，出国前我们都应在国内准备并进修一年。在出国前我到上海探望双亲，陈新民则在上海与李慧忝女士结婚。我当时有幸参加了他们的婚礼；五十年后（1991年），我又有幸在长沙参加了他们在家中举行的小型纪念金婚活动，有这样经历的人应该是不多的。

1941 年秋，陈新民以及屠守锷、梁治明、孟庆基（后改名孟少农）、汪德熙与我，都到美国麻省理工学院学习。陈新民在校不但学习成绩优良，而且积极参加社会活动，不久就当选为麻省理工学院中国留学生会会长与大波士顿区清华大学校友会会长。他还非常注意全面发展，经常参加游泳和驾驶帆船运动。据我所知，他是当时能驾驶帆船在查理斯河上遨游的极少数中国学生之一。

他求学非常勤奋，每天带上几块三明治，在图书馆一坐就是十来个小时，有时在实验室里通宵达旦地工作。因为长时间地观察 1600 摄氏度以上高温实验，以至右眼视力明显减弱。他撰写的博士论文《熔铁中的铬—氧平衡》，首次以实验方法测出，熔铁内的铬含量增加，会降低铁内氧的活度，从而证明了氧的活度系数的对数与铬含量呈向下倾斜的直线关系。这篇论文被选登在《美国金属学会会志》上，为中国留学生争得了荣誉。

1945 年夏，陈新民与我都完成了博士论文与答辩并获得了科学博士（Sc. D.）学位。毕业后他在卡耐基钢铁公司所属芝加哥南厂任冶金研究员，从事钢中氢含量等的研究。我则留校在麻省理工学院从事科研工作。

1945 年第二次世界大战结束时，由于海运还未恢复，我们无法回国。

1946 年海运恢复，我接受武汉大学聘任，陈新民接受了北洋大学聘任，相约一起回国。我与新那驾车从美国东岸驶向西岸，一路参观访问，到芝加哥与陈新民会合，当我们到达加利福尼亚州时，美国海员大罢工尚未结束，海运仍然停顿。不少中国学生准备回国者，都滞留在西岸等船。海员罢工 11 月底才结束，我们于 12 月初成行，共乘总统号轮船横渡太平洋归国。1946 年底船抵上海，陈新民即从上海转赴天津北洋大学，后又由北洋大学转去清华大学；我则由上海转赴武汉大学矿冶系工作。

1949 年全国解放，1952 年全国开始院系调整，教育部决定将几所大学的地质系合并成为中南矿冶学院，设在湖南长沙。陈新民当时任清华大学教授兼秘书长，他刚从德国访问回国，被委派任筹备处主任，担起筹建中南矿冶学院重任。我也从武汉大学被派过来参与建校，在短短不到一年之内，历经几许艰辛，中南矿冶学院终于在 1952 年 11 月 1 日正式开学。陈新民任中南矿冶学院第一任院长，我担任副院长。

1957 年，40 多岁的陈新民正值年富力强、想大展宏图的时候，不幸，他在反右派斗争中蒙受冤屈。他虽被撤职，但仍以报国之心，忠实地履行教师的职责。先后讲授物理化学、冶金热力学、普通冶金学、冶金计算、冶金分析、金属 X 射线、金属腐蚀与防护等课程。他很有教学艺术，讲课效果非常好。

1959 年冬，他被摘掉了右派的帽子，担任了教研室主任，开始创设以有色冶金为特色的冶金物理化学新专业。有色金属品种繁多，工艺复杂，除采用火法冶炼、氧化还原等方法外，还有硫化、氯化、羰化等过程，以及湿法冶金和电化学等方法。万事开头难，缺乏教材，他与教研室的老师一起，编写了近百万字的讲义。缺乏实验设备，他带领几个老师从废旧仓库中找代用品。我记得，他们找到一台报废的医用 X 光机，就把它改造成用于观察高温冶金熔体的 X 射线装置，用这台设备开展了高水平的科研工作。他们还结合实验，撰写了一批科研论文。

他积极倡导和参与学术交流活动，还担负了繁重的社会工作。他主张培养学生德育为首，全面发展；反对片面追求升学率。他认为校风建设是学校建设的关键；有好的校风才能创造育人的好环境，促进人才成长。他说："衡量一个学校水平高不高，标准主要看培养的学生是不是德智体全面发展。"这些是他几十年办教育的切身体会。

1992 年冬，陈新民赴北京参加民盟全国代表大会期间，由于心脏病突发而逝世。听到这个噩耗，我很难过。

麻省理工学院印象

麻省理工学院（Massachusetts Institute of Technology）是世界知名的理工学院，该校自身及国内外文献均简称其为 MIT，位于马萨诸塞州。它是从一个很小的、没有人知道的学校开始发展的，据说刚成立的时候只有 15 个人，当时美国还是英国的殖民地。我们现在的一些高校也在争取进入世界知名大学行列，它的发展过程，我认为值得参考。

我到美国留学的时候，只知道有个学院叫麻省理工学院，至于它好在哪里，也是茫茫然，并不清楚。当时的老师，特别是吴有训老师，还有清华的其他一些老师，都极力推荐：你们学理工的，要到麻省理工学院去。所以我们交涉入学的时候就是要进麻省理工学院。

到了这个学校，才逐渐意识到它很有特色，我自己体会，有这么几点：

1987年黄培云(右二)重返母校，和老师
Morris Cohen 教授在 MIT 主楼前合影

一个特色是，它很重视招收日常成绩比较优秀的学生入学。它有一个基本的想法，考试只是一时的成绩，有一定的机遇和偶然性，日常的成绩比考试的成绩还重要。所以它在美国广泛招收中学生，请各中学推荐高三毕业班里哪一些人最好。有的大概也还经过适当的考查，但并不是很严格。因此招收进来的人数一般都超出要招的学生，然后，这些学生开始进入淘汰制，不断被淘汰掉一些。

一般来说，在麻省理工学院新生的宿舍里，一年级都是用双层床，大概到了二年级，就改成单人床了。经过一年的考验，根据成绩和表现等综合评定，至少有一半的学生就被淘汰了。新生淘汰的比例是最大的，一般超过一半。二年级到三年级又进行淘汰，差不多淘汰掉一半到三分之一。三年级到四年级还采取淘汰，比例稍微小一点，也许只有三分之一到四分之一，这要看情况，每个班不一样。四年级之后实际上还有毕业时的淘汰。淘汰并不都是除名，而是动员他转学，有的可以转到别的学校，有的可以转到别的学科。有的学生也乐于转学：要求这么严格，别的学校不是这样，到别的学校还是受重视的好学生，再在这就待不下去了。别的学校听说是麻省理工学院转出的学生，也是很欢迎的。

这个办法跟我们现在的学校的制度很不一样。我们现在的做法是一进学校就保证你安安稳稳地毕业，入学后学生没什么压力，甚至于进了大学反而不怎么重视学习了。

早年的清华大学，很早就学习麻省理工学院的做法，我们入学的时候，化学很流行，大家都认为化学很重要，400 多个学生报考化学系。等我毕业的时候，15 个人毕业。当然，清华十级是很特殊的情况，不完全是学习上的问题。和日本人打仗，烽火连天，很多人放弃了学习，也有的有困难，去不了长沙和昆明，所以毕业生特别少。这个淘汰的比例也太厉害了。但全部通过也不符合实际情况，因为总有人学得好，而有人学得差些，甚至有学不下去的。现在的研究生的培养也这样，没有淘汰和筛选的过程，保证都拿到学位。这跟世界上通常大学都有淘汰的做法不一样。至少我自己觉得应该适当考虑一下他们的做法。

麻省理工学院第二个特色是私立。它原来是马萨诸塞州一个省立学校，是公立的。在美国，许多著名的大学都是私立的。麻省理工学院在发展的过程中公立的比重越来越少，私立的色彩越来越重。到我们入学的时候，实际上公立的部分已经少到十分之一以下了，主要是自己经营，自己发展。学校是怎么维持的呢？

最大的支持来自校友。如果学校确实办得好，毕业生出去后受益很大，对母校的感情是很深的。一些学生毕业后办企业，很快变成了很大的资本家，觉得要做点有助于母校的事情，所以捐助母校，这成了学校很大的一笔收入。

麻省理工学院非常重视校友，它的校友会一个不漏地掌握了所有毕业生的情况。它和每一个毕业的学生都有联系，有的人去世了，它也有记录，哪年哪月在哪因什么原因去世。现在有电脑了，这种资料收集工作更加方便。我离开麻省理工学院已经 62 年了，一直到现在，还接到校友通知。有一次，校友会通知我，材料系冶金专业已经归到材料系成立多少周年，要求校友踊跃捐款。它的目标是，1 亿美金。我们一看，大吃一惊，怎么能捐这么多钱啊？过了两个月，它还是和你联系：校友捐助的目标已经有 50%完成，希望大家继续努力。再过一阵子 70%已经完成了。再来消息时，捐助目标已经超额完成了，又提出一个新指标：1 亿 5 千万。这恐怕也要求太高了。麻省理工学院很重视基金的管理，能当上基金管理人员是很了不起的事情，他们往往象征性地只拿 1 美元年薪。

开始我也纳闷，这不像做科学实验，有个科学预期。后来我才知道，这么高的指标为什么能完成呢？它充分运用了美国的一项国家政策，我认为很值得我们国家参考：所有企业交给国家的利税中，有 5%可以拿来做慈善事业。办学校、捐助医院、捐助孤儿院、用于残疾人事业都可以，由纳税人自己选择。校友会了解每个学生的去处以及发展情况，了解他办了多大的企业，是亏本还是赚钱，并且有根据地计算假如这个企业做慈善事业的这 5%中有一半捐给麻省理工学院是多少钱。校友会有专门的人做这项工作，这些人懂得有关所得税的法规，专门去说服这些校友。了解到这些情况，校友们何乐而不为？

我很高兴看到我们国家一些有色金属企业也已经有这样的想法了：企业拿一小部分钱出来做有助于培养人的工作。

麻省理工学院很重视专利的发展，这是它另一个收入来源。在学术上很多创造发明是在麻省理工学院研究出来的。像计算机，大概在1944年，麻省理工学院研制出了一台机电式计算机。一直到现在，麻省理工学院靠计算机专利获得的收入还是很可观的数字，好像是以多少亿美金为单位的，听起来很吓人。

学校的收入来源还靠自己懂得经营。学校自己有一笔基金，慢慢收入多了，没用完，就把它存起来。基金的数字越来越大，现在都不公布这个数字了，但透露出来一点，都是天文数字，估计都是以亿计，甚至有人估计有上百亿的资金。学校维持运转就用这些钱。

还有一些杂七杂八的收入来源，比如自己办企业。名义上是合资办，别的企业也愿意投资，因为麻省理工学院是很有名气，水平很高的。麻省理工学院要求占的股份不少于51%，这样它就可以任命管理人员，它用学校认为胜任的人——靠得住、技术水平高、会经营——来掌握这个企业。

有了这些办法，学校的收入就越来越多。这些事情在我们做学生的时候并不知道，后来才意识到。

第三个特色，它是一个多学科发展的学校。它的理工专业也不仅仅是冶金、材料，生命科学也很出色。令人吃惊的是它的经济学科培养的学生多次得到诺贝尔奖。它的管理学院在管理方面非常有名，SLOAN学院培养的学生不但是毕业生大家抢着要，就连刚入学的学生都被企业事先征聘。它的音乐系也很不错。我老伴的大姐赵如兰是哈佛大学音乐系毕业的，她说麻省理工学院的音乐系比哈佛大学的音乐系还强。

联系我自己的体会来说，我们现在培养学生基础太窄。现学现用是职业学校的做法，不是大学培养人的目标。大学培养人，还是应该有广泛的基础。在多学科的学校里，学生才有可能全面发展。所以在麻省理工学院，选修课程都有要求，你是学材料的，你选的课程中一定要有非材料的专业。我那时主修冶金专业，选修无机化学。无机化学与冶金还是有关系，学校勉强答应了，但说希望我能选点人文学科的东西，比如文学、音乐这些与自己专业没有密切关系的课程。

我的留学生活

麻省理工学院对学生的要求很严格。我们去，是以吴有训先生的名义介绍的。开始学校有些瞧不起我们，我毕业的专业是化学，现在来学冶金，他们怀疑我是否学过冶金的基本知识。因为存有疑问，所以在刚进校的时候学校组织了考试来考我们，他们认为哪些基础知识是我们应该具备的就考哪些。而我的回答让他们很满意，认为我可以学冶金了。

我到麻省理工学院后，学习非铁冶金，跟的导师是 C. R. Hayward 教授。他是麻省理工学院很有名的教授，也是麻省理工学院唯一一个没有博士学位的教授。在那时，没有学位，甭想做麻省理工学院的教授。他在麻省做教授之前，一直是在工厂里面上班，做生产实践的工作，通过几十年的生产实践累积了非常丰富的经验之后，回到麻省理工学院从事教学工作，做得很出色。他写的一本书《非铁冶金学》，是美国几乎所有冶金学校通用的教材，甚至于美国之外的一些英语国家也广泛采用。也有的非英语国家将它翻译成本国文字采用。当时在麻省理工学院，也不是所有的教授都注重联系实际，就这点而言，我很庆幸自己成为 Hayward 教授的学生。

他在教学方面非常重视理论与实践的结合，他自己就是这么发展起来的。在他的实验室，有一个他自己设计制作的鼓风炉。他要求所有上他的课的学生都要做鼓风炉的实验，掌握鼓风炉点火、鼓风、出铁水、出渣、封炉口的整个过程。他要求每个学生都要亲自做，他说这样才能对鼓风炉是怎么一回事有比较深的了解，不然的话只是纸上谈兵，听一听就过去了，那样的学习毕业之后到工作岗位就全忘了，而当你这样做过鼓风炉全过程的实验，一生都忘不了。这种训练在我们国家当时是根本没有条件的。没有战争的时候，我们也不重视这些工作。我自己感觉到，我受老师的影响很深，受益也很深。现在回想起来，我后半生工作中的很多问题都受到 Hayward 教授的启发。这种亲自动手、亲自掌握经验的研究方法是令我毕生难忘的。

当时我是研究生的身份，他是我的论文指导老师。他非常重视学生自己的思考能力。他会先听学生自己的想法：你想做什么？你想在哪些方面多学点东西？他认真地听，再启发指导你：你的想法很不错，但你怎么实现你的想法？——引导学生进一步思考怎么做：你拿一个方案给我看看。就这样一步步指导学生。

他有些做法也很重要，做论文之前，他要你自己想一个题目，两个星期可以完成的实验题目。他要你提出一个方案来，第一步怎么做，第二步怎么做。这么设计的依据是什么，能不能在两个星期内完成。方案确立后，一切课程都不必上了，专心致志去做两个星期的事情。有的两个星期做不完，可以增加一个星期，但一般就到此为止了。通过这种训练，培养研究生的思考能力、设计问题和解决问题的能力。你的博士论文方案现不现实，就心里有数了。

麻省理工学院对博士论文选题的工作是十分重视的。在博士生做论文之前，导师基本认可之后，系里为了更慎重起见，有时还要找系里的教授都来听一次博士论文方案。行还是不行，大家肯定一下。不一定每个学生的论文都这么做，有的导师自己还拿不准的时候，就要过这道关。如果这个说行，那个说不行，多半通不过。这时就要说服研究生分两步走，先做一篇硕士论文，把里面的几个部分先做出来，如果行，就把其余部分做出来。在美国形成了一个习惯做法，硕士不是一个单独的学位，不太可能达到博士学位的时候，就拿个硕士算了。所以在美国不是太看得起硕士学位。后来我们一起留学的同学中，由于各种原因想赶紧回国的，不念博士，读个硕士就回来了。我记得屠守锷就是这样。他在麻省理工学院的老师非常惊讶：你学得很好，为什么不拿到博士再回去，拿个硕士就走了。

对于教授们提出的建议，如果你觉得时间紧不打算采纳建议也可以，但要说出道理来。多数学生听取教授们提出的意见，对原来的论文想法进行修改，这样做出来的论文是符合实际的，不单是一个人的主意，也不单是一个导师的意见，综合很多人的意见改进后，你的论文无疑会做得更完善。现在有很多学校培养人没下这么大的力气。我觉得在这个方面，很多学校应该学习麻省理工学院这样有效的办法。

我的博士论文题目是《铜在反射炉渣中的存在形态研究》（*On the Form of Copper in Copper Reverberatory Slags*）。以这篇博士论文为基础，我在 1947 年和老师一起在美国矿冶工程学会的期刊 *AIME Technical Publication* 上发表了第一篇论文《铜反射炉渣与氧化铜反应生成铁酸铜的证据》（*Evidence of Formation of Copper Ferrite from Reaction between Cuprous Oxide and Copper Reverberatory Slags*）。当时是导师认为我在这篇文章中提出的证据很有说服力，应该发表。在铜反射炉渣中有部分铜丢掉了，这篇文章就是研究这部分铜怎么丢掉了。有的人认为是铜熔解在炉渣中，有的人认为铜是作为氧化铜丢掉的，各种说法不一。我认为多数是操作上的问题，不是熔解，而是与氧化铜反应生成铁酸铜。我在炉渣中加氧化铜，加到20%~30%，用X光检查仍然没有氧化铜，因为它变成铁酸铜了。所以就排除了铜以氧化铜的形态流失的说法，这个实验以前没有人做过。

导师比较欣赏我的做法。因为这个实验研究的是炉渣与铜的反应，排除不了干扰的因素。因为炉渣放在坩埚里烧，炉渣与坩埚起了反应，这个反应比炉渣与铜的反应更活跃。怎么排除炉渣与坩埚的反应呢？这以前一直没有好办法。我想了个办法：用设备让坩埚转起来，形成一个涡。炉渣在涡里熔化了，不与坩埚接触，起反应的就是炉渣与铜了。这个实验的过程很费劲，并不是轻而易举的。

我做博士论文用的设备是钢铁系以前用过的。他们用来做铁的炉渣与铁反应的实验，论文写完之后，设备就没用了，我就拿这个设备来做我的实验，研究铜的炉渣与铜的反应。当时是战争年代，我1941年10月到美国，12月就爆发了“珍珠港事件”，不久后美国对日宣战。MIT是美国培养三军高科技军官的重要基地之一，教学科研工作都首先要保证军用。我做博士论文使用的大功率中频电炉与X光设备等都被征供军用，非军工任务只能“零点班”使用，即从半夜零点进入实验室工作，用到第二天8点之前结束当日实验，结束后还要把所有东西整理好，交还给军工人员。这样做对实验进度有较大的影响，也是很辛苦的，有时我们就不睡觉了，或者晚上早点睡觉。按这个作息时间我的实验做了两年半，才把论文实验工作完成。

现在有一些学校，特别是美国的一些学校，强调自己是用最新的、别人没有的仪器做实验，这样就算最新的论文。而我做毕业论文的时候，仪器都是自己想办法组装的。

麻省理工学院对博士论文的要求，我们现在看都太苛刻了。比如，成分的化学分析必须是自己做，不能交给分析室去弄，数据错误自己负责；

自己做样品，自己做X光检查……有的严苛到了不讲理的程度。我们那时论文是用打字机打，正式交给学校的论文必须自己打。请人打的，如果有错，不能说是打字员的错误，错误得由论文作者自己负责。实际上，我的论文当时也有好多人帮我。做X光实验时，要把样品镶起来，是女朋友帮我镶样品。接着，未来的岳父帮我打字。时间紧迫，有时我连觉都顾不上睡，家里人都动员了。

那时的生活也很有意思。开始我们住的是研究生宿舍。我、屠守锷、梁治明三个人一起住。三个人两间房，有一间大的是学习室，摆了书桌，另一间摆了三张床。我们到美国后不久就发生了“珍珠港事件”，由于美国政府征用学院研究生宿舍供第二次世界大战军用，所有在校研究生都必须迁出宿舍。几经辗转，陈新民与我以及汪德熙、梁治明、吕保维、周文牧、沈琰，后来还有戴振铎等人，在康桥 Ash Street 合租民房一栋，每人住房一间。我们轮流值班，每个人管一天：做早饭、晚饭，打扫卫生，冬天还要铲煤。我的菜做得不好，只会炒鸡蛋，再就是排骨炖汤，里面放点

在 Ash Street 14号租的民房，黄培云当年住在二楼

盐，一煮就成了。陈新民他们说我做的菜不好吃。中饭大家都在实验室里吃，有的自己带个三明治，大多数人吃食堂。这样大家共同生活了几年。

我们那时候很喜欢音乐，买了很多唱片，其他喜欢音乐的学生经常到我们房间来听音乐，其中包括孟庆基，他一有时间就到我们房间来听音乐。汪德熙也是很喜欢音乐的，他的造诣很高。

我们中间最滑稽的就是汪德熙了。他住的房间就在厨房旁边，通过他的房间去厨房最方便，不然就得通过一个廊子，虽然不远，但要多走几十步。他有时不高兴，就用钢琴把门堵上——请走外边。所以路一堵上，就知道他闹情绪了。留学生活中大家感情都很好，学习工作认真，生活有趣。1992 年我去美国，还旧地重游，看过我们住的房子。

1992年黄培云旧地重游，在 Ash Street 留影

1941 年出国到 1946 年回国，正好是二战期间，很多留学生和国内的家庭联系都断了。麻省理工学院和哈佛大学都在康桥，在那的留学生有几百。中国学生相当多，学生也是各种各样的。有的人家里很有势很有钱，曾经听说孔祥熙的大儿子那会儿在哈佛念书，又带秘书又带随从的。有的是像我这样考公费留学出来的。有些学生喜欢出去玩，我属于埋头读书的。我不是一个活跃的人，比较内向，但有自己比较亲近的朋友。

我看季羡林先生的传记，他

1935—1945 年在德国留学，他回忆在二战期间，物资特别匮乏。我们在美国留学期间，情况要好得多，物资没有那么匮乏，应该与美国本土没有卷入战争有关。美国人喜欢吃牛肉，那时候，牛肉有些少，就买马肉吃，可不好吃。

那时在哈佛大学的中国留学生与麻省理工学院的中国留学生组成了一个“蛤蟆歌咏队”，常在中国留学生聚会的时候表演，后面再讲。

博士后一年

我在美国博士毕业后到回国前的这个阶段尽管时间不长，于我而言却是很重要的阶段，有好几件重要的事情都发生在这个阶段中。第一件事是我做博士后研究，第二件事是回国前的准备，第三件事是在这个阶段我结婚成家了，第四件是回国前去厂矿参观的经过。回国时又碰上海员罢工，海上交通中断了三个月，这三个月也增加了很多有意思的见闻，值得回忆。

先讲在美国做博士后的情况。在麻省理工学院，论文答辩以后，多半学生都会考虑下一步工作的问题。当时是 1945 年 7 月，“二战”即将结束，但太平洋民用远航还未恢复，我无法回国，也在考虑以后怎么办。

一种考虑，是找一个合适的工作，当时不止一个人这么做，比如和我们同时答辩、同时完成学位的陈新民，学的是钢铁冶金，毕业后就到芝加哥去了，接受芝加哥钢厂的工作。我的导师问我：你打算怎么办呢？我说我决心要回去，但现在回不去，得想法子找个合适的工作。他说，你要是愿意留在麻省理工学院跟我一块工作的话，你可以参加我跟美国一个大企业伯色列罕（Bethlehem）钢铁公司——它是美国最大的钢铁公司之一——与麻省理工学院合作的一个项目，我们对你的工作是比较满意的，这是个很难的题目，我希望我们一起想办法做出成绩来。

麻省理工学院有很多研究项目，因此专有一个机构叫 DIC（Division of Industrial Cooperation），翻译过来就叫工业合作部。DIC 的工作一般不太接受外国人参加，因为它大部分的研究项目都是和军工有关的。当时美国因为多年的战争，伤亡很大，所以兵源十分缺乏。大概从 1944 年起，很多在美国的外国留学生，包括中国留学生，你要在美国学习的话，就得服兵役。这样一来，我们国家很多派去的留学生都被美国征兵入伍了。三十岁以上的人一般迟一点再被征，我那时虽然接近三十了，但还在被征兵的年龄之中。因为 DIC 的工作都与军工有关，所以参加 DIC 的工作就可以免兵役。因此 Hayward 教授的这个意见我很快就接受了：在麻省理工学院工作本身就很不错，又可以免兵役，算得上两全其美了。

做的是什么工作呢？是帮助教授研究古巴含钴镍土矿的处理工作，聘约为期一年。我如果能在美国多呆几年的话，可能就会去古巴看钴土矿。我对钴土矿的规模不太清楚，据说规模很大。钴土矿的成分非常复杂，这项工作是很难做的一个研究项目。

钴土矿又叫 Mayari 钴土矿，因为是土，所以开采起来非常容易，这是它的一个优势。钴土矿里头含钴、镍，这在军事上、工业上都是非常珍贵、非常需要的元素。这个项目委托 Hayward 教授领导，已经进行了一两年，有一些成果。他们试过很多方法把钴土矿里面有用的东西用最好的办法提炼出来，特别是对里面的钴、镍、铁的提炼。比较接近的用法是用酸处理，希望借此把钴、镍尽可能多地溶解出来。但因为土中又含铁，颜色比较红，像红土，又希望铁少提炼出来。Hayward 教授用含有不同成分的二氧化硫气体、三氧化硫气体在合适的温度下来提炼钴、镍，铁也适量地出来了，但不是太多。因为在工业上常常用铁的氧化物把二氧化硫转化成三氧化硫，所以用 Hayward 教授的这种方法，铁的原子价起了变化，但还没有变成可溶性的硫酸铁。

这项工作很复杂，不同成分、不同温度、不同浓度之下的反应很复杂，需要大量的实验。Hayward 教授做了一年多，还要继续。我在麻省理工学院很得导师的信任。麻省理工学院有一个库房，原料、设备……里面什么都有。他们把有色金属的库房钥匙交给了我，要用什么就拿去用，都是无偿使用。

我参加了这项工作，也学到了很多东西。尽管时间不长，只有一年，但是这一年接触并熟悉了联系企业科研的过程，对我学习怎么把自己学到的东西拿来应用很有帮助。以前我没有接触过这个问题，参加 DIC 的工作后，才开始意识到对大的、长远的项目该怎么去对待。

具体说，首先就是采用多方面的方案。一个方案做完，再做第二个方案，如果不急，时间放长也是没关系的。但大企业有的是钱，项目越重要，就越要委托很多家单位进行，不止是委托麻省理工学院一家。美国的企业家认为，委托别的单位进行，比自己进行投资要小得多。因此，他们采用的办法有点像广种薄收。有的企业把项目委托给研究院，有的委托给大学，长时间总结下来，他们认为委托大学进行是最有效、最经济、投资最少的办法。我们现在还有这样的体会：学校有设备，但因投资不足，设备不配套或附件太少。因此，只要再补充点投资，把附件弄齐全的话，就能发挥很大的作用。委托学校还有一个优势，学校各方面的人都有，要计算机有计算机的人才，要物理有物理方面的人才，弄不清成分，有分析方面的人来帮忙……人才众多，学科众多，这一优势，企业、研究院都没有。这样算起来，同样的投资，在学校可以完成五六倍的工作，非常合算。

这个思想我认为我们国家的企业还认识不够。以前有一个企业的一个研究项目要中南大学做，要求无偿使用学校的设备，他们花少量的钱买了配件满足研究的需要，研究完之后企业把配件拿走了：这是花我的钱买的，得归还。我现在想起来觉得很可笑，但当时中国企业委托学校研究就是这种思想。

所以麻省理工学院与企业的合作方式，我觉得其中很多经验很重要。首先是竞争的机制：企业委托外边单位来进行研究，一般至少委托两家。哪个单位做得快，做得好，它就继续支持哪个单位。这种竞争机制对于加快进度、多快好省地发展大有好处。还有监督的机制，就是企业自己还要进行很有效的监督。它是怎么进行监督的呢？它不轻信研究单位报上来的结果，一定要自己重复做，以防止偶然出现的好结果，或有意识地把结果夸大了。它知道在工业生产的过程中与小规模试验的结果是有差异的，假如这个差异太大，即使是报的结果很理想，它不承认也不接受，得经过重复的实验再得到的结果，它才接受。另外，结果虽然好，但不实用，不合算，它也不用。

大致看起来，这些竞争的机制、监督的机制对企业有很大的好处。我们现在还没有完全学到这些办法。有的项目听起来好得不得了，天花乱坠的，用起来不是那么回事，出问题，甚至闹纠纷，这样的教训也多得很。还有一个做法要学：要通过大量的实验证明，国家不能轻易地认可实验结果。这方面我们也有失败的例子。有一段时间我们国家炼铝，因为“贝尔法”对资源有一定的要求，我们不具备，就认为用烧结法可以把铝熔出来。结果真这么做，铝是出来了，但成本比国际上的铝的价格高了很多倍。短时期这样做是可以的，但长期就不行了。卖这么贵的铝，人家不买你的。市场经济的话，企业就垮了。

做博士后这一年学到了这么多东西，我体会很深。

归国的决定

在 Hayward 教授的博士生里，在我之前的一个学生叫 Aksoy，芬兰人。他也是毕业就回国了，而且还没回国时芬兰已经聘他为冶金部长，因为芬兰是个很小的国家。他们对我说，Aksoy 回去是有道理的，给国家做贡献，自己也光荣，学校也光荣。你回去就没道理了，是不是给你很多钱啊？工资是不是比我们这高很多？我也不能说谎，那个时候国内的币值比美金差很多，人家就不能理解我为什么要回国了。

Hayward 教授对我印象很好，教授夫人也全力挽留我们。我觉得 Hayward 教授比较了解我。他问我，你考虑过留在美国继续工作吗？我说，回不去没办法，回得去我下决心回去。他说我知道你决心很大，你按自己的决心做好了。他并没有挽留我，而是要我尊重自己的决定。他也说了：我老了，你回去我也差不多退休了。但我们临走的时候，他写了很多的介绍信，四十多封，要我们到美国的各冶金厂看看。介绍信我们用了很多，但没完全用完，就一直保留着。

我们回国的时候。Hayward 教授将美国的 *AIME* 和英国的一家权威冶金杂志从创刊号开始的所有杂志送给我，希望我继承老师的事业。我们从上海到武汉大学工作的时候，把一部分杂志留在上海了，后来父母和兄弟去台湾，也就把这些杂志留在上海。“文革”抄家，要“破四旧”，照片也好，文凭也好，凡与国外有关的都搜走了，有的我们自己也烧掉了，省得惹麻烦。介绍信没能保留，留在上海的杂志，也没能保留下来。但这样的导师，对我这么高的评价，现在想起来真是得到安慰。

新那也理解我，她也觉得回国是很自然的事情。我们已经结婚六十几年了。结婚 50 周年的时候我们去美国探亲，还去了我们当年登记结婚的地方。这么多年，我们概括起来是：志同道合、相依为命、相扶到老。

赵新那：培云 70 岁生日的时候，学校为他庆祝生日。他说的别的我都不记得了，有一句话我印象特别深。他说："我从来没有后悔回来过。"我当时一听，就觉得我们真是志同道合。

我们出来以前，清华的老师，特别是吴有训先生，他当时是理学院的院长、校务委员会主席，实际上管的事情比校长还多，他们跟我们这一批出国留美的研究生反复讲：这一批考生是以前留学生中没有过的，不止是清华的学生，是各个学校里成绩最优秀的学生。所选的学科是经过反复研

回国途中在纽约 Ithaca 与家人告别。右起：黄培云（一）、赵新那（二）、赵元任（三）、杨步伟（四）

究的，是国家很需要的专业，才招收这批留学生，很希望你们能够赶快回来发挥作用。因此我们没有想过不回来，我们那一批学生后来都回来了。1973 年新那的父母回国探亲，在北京，吴有训先生对老朋友赵元任夫妇说："你们的二女儿、二女婿回国来，是对的。"

很多人说我回来傻，我也听惯了，不在乎。嘴长在别人身上，让别人去说吧。我自己认为不傻。老谈这个问题，我觉得无聊，老问这个问题的人倒真有点傻。

回国前夕

回国前，我和新那参观了许多矿厂和钢铁公司，是我们自己开车去的。开车我是后来慢慢学的，那时美国的汽车工业多半在东边，东边的车便宜，西边的车贵。我们在东部买了个旧车，因为美国新出来的车，一年以后只卖到一半的价钱了。买车时新那跟家里借了 850 块钱，参观完之后我们把车在西部卖了，卖了 1000 块钱，还了借的钱以后，还赚了 150 块。

本来准备四个人走的，姐姐、姐夫临时改变主意，决定留下来，我们两个人也走了。我们从东到西，走了 1 万英里。我们当时有个地图，走到哪个地方就画在地图上，可惜"文革"时地图被抄掉了。

一路上最主要的美国有色金属企业我们都去了。铜矿厂在北部，锌矿厂在中部，炼钢铁的公司在芝加哥。参观钢铁公司是和陈新民在一起，他那时在芝加哥做博士后，研究钢铁专业。他后来还跟我们一起参观了铜矿厂、锌矿厂，又和我们一起回国。参观钢铁公司到一半的时候，他们想起来不许女的进去，新那只好先走，再开车来接我们。

钢铁公司的负责人是 Hayward 教授的学生，挺客气的，指定人陪我们参观轧钢车间。那是美国数一数二的大钢厂，叫卡耐基钢铁公司芝加哥南厂，一个月的生产量比日本全国的生产量还大，比中国更没得说。中国是产量几十吨的小高炉，它十几个高炉产量有几千万吨，那时日本还不到一千万吨。

我们本来已经买好 9 月份的船票，但正好碰上了海员罢工，船舶停航。二战那几年美国规定不许罢工，所以在日本投降后，美国到处都是罢工。等我们到了西岸，美国东、西海岸都瘫痪了，只好几个月待在西海岸。当时跟我们一起回国的还有两个人，一个是王岷源，一个是谭小麟。

王岷源后来是北京大学教授，在美国的时候，他很多年住在新那家里，与赵元任先生一起做编写字典的工作，他比新那大 12 岁，我们记得清楚，因为他们都属猪。

黄培云、赵新那在等候开船时与王岷源(右三)一同游历加州 Muir 森林留影

谭小麟是融汇中西的作曲家。现在的人只知道谭盾，不知道谭小麟。其实，在20世纪中国音乐史上，谭小麟是个值得记住的人。他本来是30年代国立上海音专的才子，主修琵琶与理论作曲，是著名作曲家黄自的得意弟子，后来留学欧美。他在美国曾多次举行中国民族乐器独奏的音乐会，反响强烈。谭小麟回国后，受聘于母校上海国立音乐专科学校，任理论作曲系主任及教授。令人痛惜的是天不假年，两年之后就因病去世了。英年早逝，令人遗憾。

王岷源和谭小麟，我们在美国非常熟，因此结伴一起回国。因为海员罢工无法起航，没办法，我们只好住下，等罢工结束。顺便我们就去了附近的许多名胜，以前我们只听到过它们的名字，没去过，难得有这个机会，我们就去了。

我们去过的地方有：Yosemite（赵元任先生译为游山美地）公园；Muir森林——那是美国的一个原始森林，保留了世界上最大的树，树底下开个洞，汽车能从树里开过去；黄石公园（Yellow Stone Park）——有特色的是喷泉，春夏秋冬，定时喷。公园里还有好多黑熊，为了保护野生动物，美国不准开枪打它们，游人经常给它们糖吃，它们形成习惯了，车一停就趴在车窗上要糖吃。熊不伤人，但有时候多得可怕，来一大堆，车有点受不了。这些以前我都没见过。还有世界闻名的金门大桥。我们四个人开着车，住在加州的汽车旅馆，东游西逛，只要车能到，我们就去看看。论景致，这些景点比中国差远了。山脉很高，过一个山脉挺费劲的。但山都是平平淡淡的，不像黄山、张家界，都是奇峰怪石。国家公园也没什么好看的，我们去了，算是到了那个地方。

在美国的最后两个月，王、谭他们住青年会。我有一个叫黄瑞珍的堂姐在洛杉矶，嫁给美籍华人。我们就到堂姐那住下，一直等到罢工结束。

那时没有飞机，我们是12月2号上的船，29号到的上海，走了三个多星期。那时还没有正规的民用船，都是把军队的船改作民用。碰到大风浪，经常出现所有的饭菜都翻掉的情况。所以盘子下都垫一块湿布，小一点的风浪来了盘子就不会滑动。我是公费的，坐的是头等舱，住的是讲究一点的两层床的房子。吃饭一般在船上的食堂吃，头等舱比较讲究，还有音乐，但没人欣赏。船上有游泳池，水基本上是平的，可以游泳，缓解晕船。内海的船我都晕得厉害，大洋里风浪更大，我一直晕船，总是躺在那。新那是自费，在经济舱，我三个多星期没见到她。

在那些年里，赵家住在哪里，那里就形成一个中国人活动中心，给许多人留下美好的回忆。

1944 年 12 月 17 日，胡适先生生日，赵家为他祝寿，岳父在日记里记载了有 43 位客人出席生日午餐，就在那次聚会上，岳父母向客人们宣布新那与我订婚。

第4章 杂忆赵家

岳父赵元任与岳母杨步伟

1982年2月24日，岳父赵元任因心脏病在美国剑桥去世，享年90岁。他去世后，新那多年来一直在对父亲的遗稿进行整理，协助商务印书馆《赵元任全集》的出版工作。

1992年是岳父诞辰一百周年，新那和我在1990年底就商量编写一本《赵元任年谱》，作为晚辈对他老人家的缅怀和纪念。开始打算组织赵家四姐妹都参加编写，由于各种原因，凑在一起研究编写比较困难，最后就由新那和我把编写年谱的事情担负起来，于是工作就这么开始了，事实上在编写过程中得到了新那姐妹们大力的支持和帮助。编写这本年谱资料来源比较丰富，岳父从14岁开始记日记，接近76年没有间断。这些日记新那四妹小中都复印给我们了，还有岳父写的《早年自传》《口述传记》等书都是参考资料。最初的打算是在一两年内就把年谱编好，赶在1992年出版，但我们在编写过程中才认识到任务的艰巨性，从 1990 年底我们开始收集和整理材料，进行编写，一直到出版，前后竟花了七八年之久。

在协助新那进行《赵元任年谱》的整理编写工作过程中，我对岳父的经历、学术与思想又多了许多了解。这本书 1998 年由商务印书馆出版了。年谱出版后，得到重视，被广泛引用、摘录。

《赵元任年谱》封面

赵元任先生被称为中国现代语言学先驱，同时他也是个音乐家。他博学多才，精通数学、物理，在哲学上也有一定造诣，但他主要以语言学蜚声于世。从 1920 年执教清华至 1963 年在美国加州大学退休，后又返聘 3 年，前后从事教育事业接近半个世纪，培育出很多学生，如中国著名语言学家王力。

赵元任原籍江苏常州，1892 年生于天津一个书香、官宦之家，著名诗句“江山代有才人出，各领风骚数百年”的作者赵翼（乾隆进士），是他的六世祖。清末，他的祖父在北方做官。年幼的赵元任随其家人在北京、保定等地居住期间，3 岁时从家中长辈学说“不完全”的北京话，5 岁时祖父即教他《小学》《大学》。他从伯妈和表弟那学会常熟话，又从保姆那里学会了保定话。6 岁进私塾，从先生那学会用常州方言诵读经典。9 岁时回到家乡常州青果巷，12 岁那年，父母相继去世，13 岁到苏州大姨妈家一年，学会苏州话。

当他 15 岁考入南京江南高等学堂时，全校约 300 名学生中，只有 3

名是地道的南京人，他又向这三位南京同学学会了地道的南京话。许多人认为他是天才，但我后来接触后觉得，他是真下功夫。据说，有一次，他同客人同桌就餐，这些客人恰好来自四面八方，赵元任居然能用 8 种方言与同桌人交谈。他从小就喜欢学别人说话，并善于辨别出各地方言和语音特点。

这段家史说明，赵元任幼年就经过多种方言的熏陶，开始掌握了学习语言的本领。1910 年，他 18 岁时，由江苏南京高等学堂预科考入清华留美班，在录取的 70 名官费生中，他总分名列第二（胡适名列 55）。先在康奈尔大学读数学、物理，后入哈佛大学研究生院攻读哲学，拿到哲学博士学位，而他在大学和研究生院都没停止对语言学的研究。

1914 年，赵元任与中国留学生任鸿隽、杨杏佛、胡明复等创办《科

1914年中国科学社成员在康奈尔大学合影。前排右三为赵元任、右二为杨杏佛、左三为任鸿隽，赵元任左上（后排）为胡适

学》，1915 年创建中国科学社。

1920 年赵元任回到祖国，在清华学校任教。适逢英国哲学家罗素来中国讲学，梁启超、张东荪等进步党人拟请赵元任担任翻译，就向清华金邦正校长接洽“借用”赵元任。由于学术界名流蔡元培、丁文江、陶孟和、秦景阳等都出面推动此事，而罗素的讲学涉及高等数学、逻辑学、哲学，他人很难胜任翻译工作，校长只得同意。这样，他陪同罗素辗转各地，讲学一年左右。[①] 由于他口齿清晰，知识渊博，又能用方言翻译，因而使当时罗素的讲学获得很好的效果。从此，赵元任的语言天才得到了公认，他自己也决定将语言学作为终身的主要职业。在清华期间，赵元任与杨步伟结婚。

岳父的父亲赵衡年中过举人，善吹笛，母亲冯莱荪善诗词及昆曲，他从小就受到了很好的民族文化及音乐熏陶。入南京江南高等学堂读书后，因成绩优异，深得美籍英语教师嘉化（Carver）的喜爱。嘉化常邀赵元任去他家中做客。嘉化夫人善于弹钢琴和唱歌，赵元任跟嘉化夫人学唱过《可爱的家庭》和《离别歌》等歌曲，是他接受西方音乐之始。

1921 年赵元任夫妇到了美国，赵元任在哈佛大学任哲学和中文讲师并研究语言学。

1924 年 5 月至 1925 年 5 月，赵元任夫妇携两个女儿到欧洲考察进修，访问、参观、听课、参加学术活动。他跟英国、法国、德国的语言学大师讨论语言学理论，听他们的课，还曾在巴黎大学注册听课。他在那个阶段与高本汉[②]交流很多。高本汉是瑞典最有影响的汉学家，瑞典汉学作为一

---

① 赵新那、黄培云编：《赵元任年谱》，北京：商务印书馆，1998 年，第 101~102 页。

② 高本汉（Klas Bernhard Johannes Karlgren，瑞典，1889—1978），哥德堡大学教授、校长，远东考古博物馆馆长。他在中国历代学者研究成果的基础上，运用欧洲比较语言学的方法，探讨古今汉语语音和汉字的演变，创见颇多。

门专门学科的建立，他起了决定性的作用。

1925 年赵元任回清华学校教授数学、物理学、中国音韵学、普通语言学、中国现代方言、中国乐谱乐调和西洋音乐欣赏等课程，并开始了方言调查工作，出版了《现代吴语的研究》。他与梁启超、王国维、陈寅恪一起被称为清华“四大导师”。1928 年作为中央研究院历史语言研究所研究员，进行了方言的大量田野调查工作。音乐方面，他与肖友梅、黄自等从事音乐教育工作；与陶行知从事民众音乐创作与教育工作。

1938 至 1939 年他教学于夏威夷大学，在那里开设过中国音乐课程。1938 至 1941 年，教学于耶鲁大学。之后五年，又回哈佛任教并参加哈佛-燕京字典的编辑工作，也以语言学家的身份闻名世界。1945 年他被任命为美国语言学会会长，1960 年任美国东方学会会长。他先后获得美国三个大学的名誉博士称号。

岳父赵元任非常具有改革和创新精神，不仅体现在语言研究和音乐创作上，在婚丧大事上也是敢于冲破传统观念，摆脱封建习俗。而在这方面，他与岳母杨步伟特别投合。

岳母杨步伟女士出身皖南望族。在考入南京旅宁学堂时，入学考试作文题为《女子读书之益》，她竟大胆地写道：“女子者，国民之母也。”步伟这个名字，就是她的同学、好友看她抱负不凡为她而取的。岳母在她的自传中详细回顾了自己的经历。

据她说，她自幼反对封建礼教，不肯缠足，并拒绝了父母为她包办的婚姻，孤身跑到上海读书。1919 年，全国掀起反帝和反封建的革命浪潮，杨步伟也参加了这场运动。当时安徽督军兼一、四两方面军军长的柏文蔚，要为 500 人的女子北伐队办所崇实学校，特聘杨步伟担任校长之职。

她毅然出任，领导学员学纺织、打绒绳、学刺绣、学救护……搞得轰轰烈烈。后来留学日本，在东京帝大获医学博士学位。毕业后，她在北京绒线胡同和友人合开了一所“森仁医院”，开妇女创业风气之先。赵元任非常敬佩这位女医生的才能和魄力，1921年有情人终成眷属。

说到他们的婚礼，那也是他们俩蓄意向世俗的一场挑战。按照常理，当时凭他俩的家庭关系、社会地位和经济实力，婚礼本应办得挺排场和体面。但他们想打破旧的婚姻制度，两人别出心裁，先到中山公园当年定情的地方照张相，再向有关亲友发了一份通知书，声明概不收礼。当天下午，赵元任把好友胡适和杨步伟在医院工作时的同事朱徵请到家中，由杨步伟掌勺，做了四碟四碗家常菜宴请了这两位证婚人。然后赵元任从抽屉里取出结婚证书，新郎新娘先签了名，接着两位证婚人也签了名，为了合法化，还贴了四角钱印花税，就这样完成了简单而浪漫的婚礼。当这消息传出后，第二天报纸上以《新人物之新式婚姻》为大标题，宣扬了一番。当赵元任问罗素这种没有仪式的结婚仪式是否太保守时，罗素回答：“这够激进了！”

他们的婚礼在知识界一时传为美谈，不少好友效仿。后来新那和我结婚，我们的两个儿子结婚，也都没有举行婚礼和请客。

岳父母在世时，就和孩子们约好，他们去世后不要举行任何仪式，实行火化，两人的骨灰一起撒在太平洋，希望随着太平洋的环流回归故土。岳母去世后，根据她的遗愿，部分骨灰撒在南京金陵刻经处她的祖父杨文会（字仁山）的墓塔下面，因为她小时候，是祖父最宠爱的孙女。

岳父去世后，根据生前所嘱，房子赠给他工作多年的加州大学，书刊和遗物分送给许多学校和亲友，一部分杂志赠给北京大学。正如岳父所说过的，他“是属于世界的”。

中国人活动中心

1938 年 8 月底赵元任先生与夫人带着四个女儿抵达夏威夷。他们原准备只住一年，没有想到竟在美国侨居 40 余年。他们先后在夏威夷大学一年，耶鲁大学两年，哈佛大学五年。1946 年我和新那回国，临别前，岳父岳母嘱咐说："我们明年就回来，等我们。"那时，加州大学校长写信给岳父邀请他去加大任教，被岳父婉言谢绝。岳父一直与中央研究院语言组保持联系，准备回国继续主持语言组的工作。

后来我们听说他 1947 年离开波士顿康桥之前，书籍都装了木箱，只将常用的少量书籍留在手头，准备暑期语言学讲习班结束即回国。正在那个时候，岳父收到当时国民政府教育部朱家骅部长电报，要他回国接任中央大学校长职务。朱家骅托中国驻美大使，也托了岳母，希望多方帮助劝说岳父接受校长行政职务。岳父一向不喜欢，也怕担任行政职务。因此岳父岳母商定，暂时不回国，避开这事，决定接受加州大学的聘请暂时去加州。于是岳父给朱家骅回电五个字："干不了。谢谢!"

岳父母在回国途中"路过"加州，谁知竟路过了 30 余年，成了他们一生居住最长的地方。

1941 年至 1946 年，岳父在哈佛大学任教。珍珠港事件发生后，美国对日本宣战，与中国结成抗日联盟。

由于战争，远东书的来源被切断，美国学生对汉英字典的需求又很迫切，于是哈佛燕京社决定修订 C. F. Fenn 的袖珍小字典和 R. H. Mathews 的汉英字典的美国版，并将两项任务都委派给岳父。为准备远东战争，哈佛大学举办暑期粤语速成班，又接受了美国陆军委托举办的语言速成班教美国大兵，委派岳父主持中文班。虽然工作负担很重，但他紧张愉快地全担负起来了，他不仅对这些工作有兴趣，更多地想到这也是为了抗日出一份力。

在哈佛大学的几年，岳父一家经常参加中华赈济联合会的各种活动。岳父多次应邀做有关中国文化及中国音乐的报告，岳母受托时常举办中式午餐会，有时来就餐的多达百人。岳母热情很高，不怕辛苦，亲自出马做饭菜，午餐收入拿来赈灾。新那四姐妹经常参加出售中国工艺品和贺年片等活动，甚至利用球赛季节，在体育场附近公开募捐，将收入用于赈灾。

1945 年，当他们从广播中听到日本投降，二战终于结束的消息，一家人特别高兴，开始做回国的准备。战争严重破坏了中国的大学和中央研究院，在美国的华人发起给中国大学捐书的活动，岳父也在华盛顿美国国会图书馆为中央研究院选了一批书，又在波士顿、耶鲁大学分别募到一批书。岳父和岳母亲自参加整理书箱，运回国内。

岳父一家侨居美国后，数十年来，他们的家一直是留美学生的“接待站”。周培源等许多早期赴美留学的学者，都是赵府的座上客。大家觉得到了赵家有一种宾至如归的亲切感。

在那些年里，赵家住在哪里，那里就形成一个中国人活动中心，给许多人留下美好的回忆。战争年代，回国的交通非常困难，康桥行人街 27 号成了聚会中心。在异国他乡，老朋友们坐在一起有好多话要交谈，胡适、周鲠生、蒋梦麟、张彭春、金岳霖和陶孟和都是常客，还有费孝通、赵忠尧、钱学森等都曾来过。外国朋友如英国学者李约瑟到哈佛大学讲演也来过赵家拜访，并特别来吃赵夫人做的中国早点。哈佛大学的费正清教授，麻省理工学院的维纳教授也都与岳父岳母来往密切。远离家乡在国外求学的许多中国留学生把赵家当成自己的家一样，在赵家感到家庭的温暖，少不了吃一顿赵夫人的家乡饭菜。岳母做菜很有名气，她写了一本食谱。她写的食谱在美国比较畅销，胡适写的前言，赛珍珠（Pearl S. Buck）作序，赛珍珠说我岳母的食谱写得这么好，这么受欢迎，在美国很有影响，应该给她诺贝尔奖。

中国学生聚会也常在赵家举行，如清华同学会、武汉大学同学会、哈佛中国同学会和麻省理工学院中国同学会等等，逢年过节来往更是多，一天来来去去十几、几十甚至上百人都有过。

志同道合　喜结良缘

新那 1923 年 5 月 14 日出生在美国，岳父为她取名“新那”，意为“新的支那”，以寄托自己内心希望中国强盛的愿望。后来，岳父的老朋友丁绪宝一直叫新那为“新中国”。刚满一岁，新那就被去欧洲访学的岳父岳母带到法国，与姐姐如兰一起被寄养在巴黎远郊，所以新那开口说话，最早说的是法语。两岁时新那随父母回到国内，在清华园里度过四年童年时光，随后又随父母到南京。1932 年，清华向中央研究院“借人”，请岳父接替梅贻琦担任清华留美学生监督处主任，新那又随父母到美国，两年后回国，直至 1938 年再度赴美。少年的她也亲历了国难当头的苦痛之感。

我与新那是在美国清华同学会聚会的时候认识的。

在赵家开清华同学会，通常很热闹。几十个人在那吃饭，盘子和碗一大堆。吃完饭总得让人清理，我就自告奋勇到厨房去洗碗。新那那时候也到厨房来帮忙，我说用不着了，已经差不多了。我和新那就通过清华同学会开会、洗碗，这样认识的。

赵新那：我还记得我对他说的第一句话是："你别把碗砸啦!"

后来我参加了哈佛、麻省留学生组织的"哈麻歌咏队"，大家开玩笑地叫"蛤蟆歌咏队"，有几十人参加。"哈麻歌咏队"的指挥是新那的大姐如兰，新那参加演唱，汪德熙、陈新民等人也参加了。我们常唱《凤阳花鼓》《车水歌》，还有一些那时流行的中国的歌曲。也不是很正式成立的，就是那时留学生聚在一起，大家一起唱歌很开心。至今，波士顿地区仍保持着中国人组织的歌咏团，并在 1992 年举办了纪念岳父赵元任 100 年诞辰的歌咏会，演唱了岳父写的二十多首歌曲，如兰指挥，新那参加了合唱。

赵：这一章的主题是"杂忆赵家"，我是赵家人，我就把赵家的情况补充一些。我们第一次见面的情况，培云说了，是在清华同学会。我们家是 1941 年从耶鲁大学到哈佛大学，那时美国宣布参战，我父亲受聘到哈佛大学，担负 ASTP（美国陆军特殊训练班）粤语和国语口语教学及编写教材和字典等工作。我们一家六口人，父母亲和我们姐妹四个。我们住在 27 行人街（Walker St），我这有一张照片，当年照的，其实 Walker 是一个人的名字，翻成中文就成"行人"了。

他应该是麻省理工学院曾经的一位校长。

赵：我们是暑假到的波士顿地区的康桥，培云是 10 月到的。康桥最大的两个学校就是哈佛大学和麻省理工学院，都是私立的。我父亲在哈佛大学教书，培云那时候在麻省理工学院读书。1941 年正好是二战期间，尤其珍珠港事件之后，美国对日本宣战，美国和中国之间民用的交通差不多都断了。所以在美国的中国人，常常到我们家来。我们家变成一个中国人活动的中心。至少在美国东部，在波士顿地区，我们家成为一个活动中心。常来我们家的，一部分是我父亲这辈的朋友，胡适、蒋梦麟、金岳霖、李方桂、武汉大学校长周鲠生等等，我这里也有他们当时的照片。他们到我家来，和我父亲聊天谈事情，和我母亲叙旧。还有一部分就是年轻一辈的留学生，培云也是其中一个。当时清华大学、武汉大学、北京大学等同学会常常在我们家开会。我们家有一个“客人签到簿”，每天来的客人都要签个名，现在我的小家也沿用了这个传统。那时候我们家来来往往的客人多极了。比如说过年过节的时候，从“客人签到簿”上看，几十上百人。不是同时到的，是一拨一拨的。做饭菜是我母亲主厨，我当助手切菜洗菜，培云刷盘子，当然，那是后来了。我高中毕业以后就学会了开汽车，我母亲买菜都是我开车，我们到批发市场买那些又新鲜又便宜的东西，比如说牛尾、牛里脊非常便宜，外国人不吃鸡杂，鸡翅膀一整盒一毛钱。他们不吃内脏，我们一盒一盒地买，非常便宜。我母亲把这些东西做得很有中国味，留学生吃得香极了。那么多人来，靠我父亲的工资的确很有限，但我母亲很有办法，鸡脚、鸭脚、鸡翅膀等等，又便宜又可以做得很好吃。水果也是开车到郊区农场去买，都是这么过来的。我们家里一年到头源源不断的客人，如果家里只剩我们一家人吃饭，我母亲会说：“我懒得做饭了。”

我和培云是在清华同学会认识的。那时候挺时兴男同学请女同学到餐厅吃饭、跳舞，美国本土没有卷入战争，都是送人出去打仗，本土日子还是过得歌舞升平的。但我们的情绪不一样，我们国家正在受侵略，对于他们时兴的这些我们不感兴趣。培云不会跳舞，我也不会。培云喜欢音乐，他不仅喜欢古典音乐，还研究中国的音乐，他和汪德熙等几个人志趣很相同。当时有个著名的女高音Lily Pones，培云买了票请我去听她的演唱会。

那时候很冷，我姐姐好动，我和姐姐一块滑冰，培云看我们滑，也买了冰鞋参与滑冰，结果一下子就扭伤了脚，骨折，打了石膏，没去成。我拿了票和别人去听，他在医院里。

我们那时经常去哈佛地铁站口的一个卖热狗的小店，培云经常请我吃热狗，喝可乐。他到现在还喜欢喝可乐。后来一九九八年我们又到那，那个小店还在，我坐在那说："要份热狗。"我说我是常客，售货员说我怎么没有看见过你，我都在这店里25年了，没有看见过你啊。我说，我是一九四八年的时候，经常在这吃热狗。那时候，这个售货员还没出生呢。听说这些后，售货员对我客气得不得了。

我和培云经常到这样的小店去，从来没有到过大旅馆大饭店。康桥有一个广场音乐厅，半圆形的，我们常常到那去听音乐。后来培云辅导我的化学，辅导我做题目。他是博士生，我是大学生。

二战的时候，哈佛大学受国家的委托，办了日文班、中文班，教美国大兵。日文班由一位教授负责，中文班由我父亲负责，叫ASTP。二战的时候，中国和美国、苏联等是盟国，联合打法西斯。这样办了这期学习班。我父亲在哈佛大学和麻省理工学院找会说普通话的中国留学生做辅导。也有当时的照片，这张照片是当时辅导人员的一部分，其中也有两位未来的女婿，我姐姐和我，还有一些留学生。我父亲讲大班课，我们分小班辅导。那时候我们一起上这些辅导课。

ASTP的意思是"美国陆军特殊训练班"，是训练特种兵的。因为美国和中国是同盟，士兵要到欧洲去打仗，还想打台湾，把占领台湾的日本人赶跑。特种兵的训练很多，有一部分准备去德国打仗的就要学德语，准备去日本的就要学日语，准备打台湾的就要学中文。但后来文化大革命的时候，就说我们这是参加特务训练，是很大的罪名，后来才弄清楚，特种兵是这样的特种兵。为这件给特种兵教中文的事情，我和新那，还有一大批人，都吃了很多苦头。我们在“文革”中间都被审查，作为“重大历史问题”审查。

他们说新那是特务，说我是反动学术权威，说我走资本主义道路。我被完全“解放”还比较迟，说我态度不好。我说你去查，你把证据找出来。他们说我态度不好，老不“解放”我。

赵：培云是最后解放的，那时候给我们挂牌子批斗，我被剃半边头，都经历过。我们现在能这样，还挺不错的。抄我们的家，找美国国旗，我们家是有美国的旗子，但不是国旗，是两面校旗，一面麻省理工学院的，一面 Radcliffe College 的，是我们毕业学校的校旗。

1945年7月21日黄培云、赵新那结婚照

我和姐姐如兰那时候都是 20 岁上下。我 18 岁认识培云，22 岁结婚。因为来美国前在中国见到战争中人民的悲惨情景，我没有情绪出去应酬，基本不出去。那时候，很多人对我母亲说，你们家二小姐真骄傲。我和培云结婚的时候，人们很惊讶，怎么忽然就结婚了。

我和培云两个，就是志同道合。所以我们回国也很自然，因为想法是一样的。

我那时候除了上学，基本在家，不出去。培云租住的民房，和陈新民、吕保维他们住一起，后来有次吕

保维说，“发现黄培云经常不在家。”

那时候我是经常到行人街去。

赵：我父亲很早就把培云看成家里人了，他做博士论文的时候，那些标本都是我给他磨的，在麻省理工学院，培云教我怎么样把样品放在机器里，怎么样磨光。X 光是培云自己照的，我做样品。后来博士论文要自己打字，我父亲帮他打。培云博士论文交上去的稿子就是我父亲打的。我父亲不讲究辈分，非常平易近人，但是大事很固执。

我原来住研究生宿舍，美国参战以后，麻省理工学院就成了专门培养军官的学校。那时候，雷达等军用设施都是在麻省理工学院研制，集中了三千名专家，研制出来的雷达很厉害，在二战中发挥了重要的作用。学校里都有军人站岗，我们的宿舍都被征为军用了，我们只好自己在外面找房子租住。

赵：那时候有很多赈灾的活动，卖贺年片，一块钱一张，有的时候美国赛球的时候，我们就在桥头，拿着罐子收钱用于赈灾。那时候美国作家埃德加·斯诺，还有赛珍珠做报告的时候，我和姐姐都是做招待，他们都是宣传反法西斯的。我记忆深刻的，有次埃德加·斯诺（Edgar Snow）做报告，要我们几个年轻姑娘做招待员，那时我们穿着自己做的从云南带的蜡染布旗袍，穿着少数民族的鞋，我们觉得很有特点。结果他们说这不

赵元任手书的结婚通知书

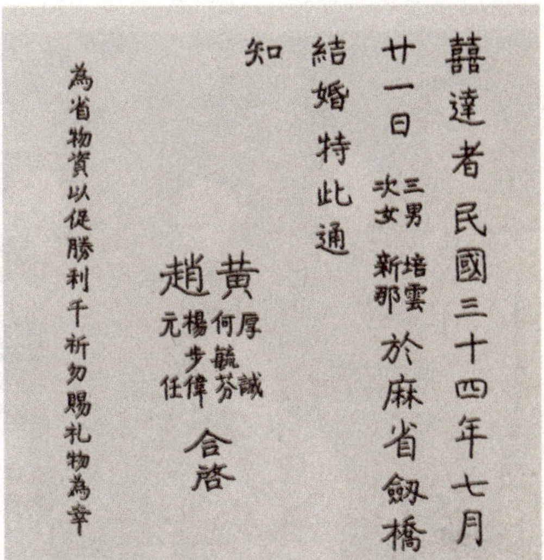
囍達者民國三十四年七月廿一日三男培雲次女新那於麻省劍橋結婚特此通知

黃厚誠 何毓芬
趙元任 楊步偉 合啓

為省物資以促勝利千祈勿賜礼物為幸

能代表中国，他们要我们穿清朝的大褂子，带着高高的头饰，他们把戏剧里的行头借来给我们穿，说这样才能代表中国人。其实中国早就看不到这样的装束了。

1944年12月17日，胡适先生生日，赵家为他祝寿，岳父在日记里记载了有43位客人出席生日午餐，就在那次聚会上，岳父母向客人们宣布新那与我订婚。

1945年7月，新那和我结婚。这是赵家第一次嫁女儿，岳父亲手办理婚事，他给我们拍摄结婚通知书用的照片，用中文书写结婚通知书，送到一个雕版印刷公司制版印刷。通知书上注明“为省物资以促胜利千祈勿赐礼物为幸”。7月21日，发出约300份结婚通知书给亲友，岳父开车送我们到康桥市政厅登记领取结婚证书。市政府秘书 Frederick H. Burke 签字，

1946年赵元任和杨步伟银婚，全家合影留念。同年黄培云和赵新那一同回国。前排左起：杨步伟、赵元任；后排左起：黄培云、赵新那、赵小中、赵莱痕思媚、赵如兰、卞学镄

规定要两位证人，就由岳父和陈福田夫人做证婚人签字。领取结婚证后我们四人在市政厅大门前合影留念。中午备便餐招待亲友十余人，新那的姐姐如兰听到我们回家的声音，立即在钢琴上弹奏起婚礼进行曲。午餐之后，岳父开车送我们到火车站，开始一周的新婚旅行。

当年的 10 月 3 日，新那的姐姐如兰与卞学鐄结婚。卞学鐄本来在麻省理工学院研究生院学习，美国对日本宣战后他参加了美国海军陆战队，10 月请假结婚。新那和我回家帮忙，他们的婚礼在哈佛大学一位教授家里举行，新那给姐姐做了大红色金边旗袍当婚礼服。他们的结婚通知书，也是岳父包办的。

周恩来接见与邓小平接见

1973 年、1981 年岳父赵元任一行回国探亲访问，受到国家领导人的两次接见。

关于岳父赵元任 1973 年回国探亲访问，要特别强调一件和背景有关的事情：那个时候两岸严重对立，当时有一批知识分子到大陆来访问，有的从美国到大陆来，也有的从台湾回到大陆。针对这种情况，台湾中研院就做出一个决定，凡是到大陆来的中研院院士，取消院士资格。而赵元任是中央研究院的院士，所以 1973 年他们回国的时候，是顶着这个压力回来的。

新那母亲对周总理说，他们准备回国的消息是公开的，那时候中研院院长是钱思亮，新那母亲对钱思亮说他们要到大陆去探亲，钱思亮拿他们没有办法。

赵：那时候在海外有很多知识分子，他们解放后没有回国来过，1972年最早有一批著名知识分子一道回国探亲，带队的是任之恭、林家翘。任之恭是物理学家，林家翘是应用数学家、物理学家，他们那批人在1972年回国来，在当时还是影响挺大的一件事。

我父亲当时因为心脏病发作，没有随这个团回来，他到第二年也就是1973年才回来的。我听母亲说，在他们准备启程回国的前一天，钱思亮请他们吃饭，我母亲就告诉钱思亮说明天要离开美国从香港中转回大陆探亲，钱思亮也没有什么好说的，曾经订下过取消院士资格的规定，实际上呢并没有取消。1979年，他还是请那些到过大陆的人去开会。

1973年岳父岳母是专门回来探亲的，带着外孙女昭波，就是赵如兰的女儿；外孙女婿迈克（Micheal Lent）是一个美国人；还有一个是赵景晖，远房侄女。一行五人回国。

赵元任夫妇第一次看到外孙黄家汉(右)和黄家林

岳父岳母1938年到美国，这是第一次回到新中国，对他们来讲也是下了很大的决心。

对于我们来讲，新那和我1946年回国，新那27年和父母没有见面，这次是美国分别后第一次见面。1973年我们的两个儿子还在农村，知识青年下乡，找他们回来，他们那时候第一次见到外公外婆，岳父岳母第一次见到两个外孙，当时家林21岁，家汉26岁。

接下来说说当时会面的曲折经过——

1973年4月20日，岳父一行就到了广州，其实新那带着两个孩子已经先一天到达广州了，但当时因为通讯不发达，没有联系上。

21日晚上岳父一行由中国旅游局的专人陪同抵达北京，我当时在北京出差，到机场去接机，一同接机的还有岳父多年的老朋友，北京大学校长周培源、傅承义教授等。他们下了飞机，岳母没见到新那，就很急，一再问，新那为什么没来，我说她带着孩子们还在广州，岳母并不是很相信。

赵：那时候都在广州，因为通讯不发达，在广州互相之间没联系上。

培云是出差在北京，我那时正在江西出差，人家说我父亲母亲要回来了，把我叫回长沙，两个儿子还在湖南农村，湖南靖县，后来我就把孩子叫回来，带着两个孩子到广州去接我父亲母亲，希望跟他们在广州见面。

那个时候有很多严格的规定。我们先到了旅馆，但规定是必须客人到了旅馆以后，会见的人才能来。而那时父母还没到，我带着两个孩子到哪里去呢，当时真是抓瞎了，后来我找到在广东矿冶学院工作的同事，通过他才找到一所学校暂时住了下来。

等我们再去找我父亲母亲时，旅行社的人已经接了他们到北京，我们就只好折回长沙。

回到长沙后我再跟培云通电话，他说父母已到了北京。电话中培云告诉我，他到机场去接了，因为我没有露面，父母怀疑我在政治运动中出事了，就跟他要人，情绪很激动，不相信他的解释。

我在长沙跟我母亲通电话，我听得出我母亲的南京口音，我一听就知道是我母亲，但是她不相信是我，她认为不是真的我，她认为我出了问题，在文化大革命中出了问题。

后来我带两个儿子到北京去跟他们会面，那时候是五一节前，到北京去还得到湖南省委这边审批，不是随便什么人都能去的，规定得很严格。终于审批下来，买了火车票带两个儿子到北京，可是火车晚点，我母亲还是怀疑出了事。

培云到火车站去接我们的时候，我儿子又把背包落在火车上了，又去找背包再出站，这样培云没有接到我们。他看我没露面，就没敢上去见我父亲母亲。

后来我想了半天，既然和培云联系不上，我就带两个儿子直接到前门饭店去见我父母，前门饭店的人看我是从长沙来的，要见两位老人，告诉我说："快上去、快上去，你母亲从6点钟吵到现在，几个钟头了。"

终于在前门饭店见着了我母亲，我母亲第一句话对我说："我打你！"我母亲变了样，走在街上我不认识了，矮了、老了，我父亲样子没太大变化。分别27年总算是见面了，那时候我50岁，周总理接见那天我正好50岁生日。见到我们，我父母高兴极了，尤其是我父亲感觉到这两个外孙非常正常，人也正常，说话什么的都正常，看我们两个也没有多少变化。所以我父亲在口述传记里描述了当年的会见。

岳父在口述传记里记录，回美国后有人问他，"这么多年没有和女儿相见，见面时有什么感觉?"他回答："我觉得比我预料的自然。"还说，"27年没见了，她的嗓门儿还是那个高频率，女婿还跟27年前差不多那个样儿，至于第一次见面的两个外孙，都很有礼貌，但我并不觉得是有人专门教他们那样做的，他们和我们在一起很自在，也很自然。”

赵：我父母没回来之前，在海外听说红卫兵很可怕。他们回来后，我表姐的儿子把红卫兵的袖章挂上给他们看，他们看到才知道，这些人挺正常的。

当时他们在国外听到的国内情况，是有很多顾虑的。甚至听说来宾上厕所要自己带手纸，所以他们第一次回国，行李里头带了一大包卫生纸。

赵：他们那时候最担心的是我出了问题。他们后来总结这次接待工作时也说到这事。他们到了广州后，我隔了五天才到北京跟他们见着面，见到我，他们的心才安定下来。之前培云出面了，我没有出面，他们一直在怀疑我在国内的这些政治运动中出了事。当真正见到我，见到两个外孙，看到我们非常正常非常健康，他们才放下心来。

他们这次回国第一个去看望的是岳母的亲哥哥杨立生。到北京的第二天就迫不及待地要了车，由我陪同到中关村中国科学院宿舍，看望岳母的

四位八十高龄的老人相会

三哥三嫂，他们住在女儿杨若宪家。四位八十多岁的老人，四十多年没见面，见到后有说不出的高兴。

4月26日，新那带着儿子黄家汉和黄家林终于赶到北京，岳母见到新那又喜又气，因为等了五天才见到。岳父不声不响地和新那相互亲了一下。一个半月的相聚，我们全家一直陪伴在他们身边，没有离开过一天，晚上往往谈到深夜。

赵元任夫妇在北京由周培源（左一）等陪伴游中山公园

岳父岳母开了一个想见面的人的名单，有七十多人，都是几十年前的朋友和学生，多数只有姓名，没有地址和工作单位。在接待单位的努力下，这些人差不多都见到了。这使他们非常高兴和感动。岳父岳母除了愉快地会见老朋友，就是看老地方。

赵：七十多个朋友基本都见到了，老的地方都去过了，他们结婚的地方，我父亲给罗素做翻译住的地方，过去他们吃烤鸭的地方也都找到了。我们还带他们去看京剧《沙家浜》。

还到了清华，他们曾经住过的地方。他们去看望张子高，到张子高他家去了，看了竺可桢、吴有训，他们两位当时都是中科院副院长。到医院看了张奚若，回顾当年我父亲用张奚若先生的方言背诗。后来张奚若提出还想见我父亲一次，可是医生不同意，怕他太激动了，怕他受不了。我父亲离开后没多久他就过世了。

他们还回到常州老家青果巷，见到了他的堂弟一家人，还在小时候玩耍过的小河边照了相。在常州的一所中学，父亲和师生们用常州话座谈。离开常州时，父母亲特意带上两盒烧饼，去给在美国的朋友们尝尝家乡的风味。

5月13日，周恩来总理接见。周总理特别忙，当时好像是晚上刚接见完菲律宾到中国来的大使，接着接见赵元任一家。

赵：我记得周总理接见是5月13日晚上，晚上8点到12点，等到接

1973年5月13日周恩来总理接见时合影。前排：右七至右十为赵元任、周恩来、杨步伟、郭沫若，右五为吴有训，左五为竺可桢；中排：黄培云（左三）、赵新那（左六）

见完了已到了5月14日，正是我的50岁生日。我们说周总理工作太忙了，他说经常如此。快12点了，谈到金陵刻经处的工作，金陵刻经处是我母亲的祖父创办的。周总理交代去请赵朴初来，一会儿他就来了。第一次见到赵朴初还是在那里见到的。周总理和他交代金陵刻经处怎么整理、安排，说赵元任夫妇要到南京去看。

周总理对赵朴初讲，有什么你就说什么，是怎么样就是怎么样。周总理还问我们的情况，问我们在湖南各方面的情况。说到"文革"时期的情况，周总理说你们那还有一个"湘江风雷"呢。

当时在座的有很多岳父的老朋友，周总理把他们找来一块坐，竺可桢、吴有训、黎锦熙、丁西林等，请客的主人是周总理、郭沫若。

赵：父亲平时话不多，那一次却抢着说话。总理跟父亲谈到了文字改革，谈到了《通字方案》，还说我父亲在清华教书的时候，他曾经想到清华去听我父亲讲课，后来我父亲被借调去给罗素做翻译，周总理就没有去清华，要不然那时候就可能见到了。跟母亲谈到她的祖父杨文会创立的南京金陵刻经处的修复工作；还谈到了计划生育，母亲早年在日本东京帝国大学学医，1922年译了一本《女生须知》的书，提出了节育的主张。父母亲非常钦佩周总理渊博的知识和对情况的熟悉。会见中间，总理吃了一次药，母亲很不安，几次要总理休息，可是总理几次说，再谈谈，再谈谈。会见中，总理还请大家吃了一顿别有风味的夜点——粽子、春卷、小烧饼、绿豆糕。一个个都做得小巧玲珑、样式别致，适合老人食用，连馄饨都是用一只漂亮的小碗盛着。父母亲吃到了地道的中国点心，非常高兴，可是总理还遗憾地说，忘记关照厨师熬北京的粥请大家喝了。会见的气氛极为自然、随意，以后，父亲总是用"亲切"两个字来概括那次难忘的会见。

黄培云一家四代同堂（1981年5月摄于北京）

周总理见岳父岳母带去的那个外孙女婿是美国人，问："你懂不懂中文，会不会中国话?"他说懂一点，周总理说："那么我们就不找翻译了，说话都用中文了。"那天就他一个外国人。

那天接见以后就安排一行人到南京、上海，还回到岳父老家常州，他们第一次看到南京长江大桥。

赵：父母亲在国内见到了许多亲人和朋友，看到了家乡的变化和祖国的进步。他们来时心中的疑问消失了，临走时拉着我的手说：过两年一定还要再回来。

回到美国后，母亲来信说，每逢暑期讲学，大家都要父亲介绍中国的情况。父亲不但带来了自己拍的照片，还把外孙女拍的照片也带来给大家看，以此表达他对祖国的深厚情感。

以后，父母亲年年写信都说要回国，但因为母亲身体不好，父亲又不愿单独回来，所以一直未能如愿。

1981年5月，岳父应中国社会科学院语言研究所的邀请，第二次回国。他是怀着思念故乡和亲人的心情回来的。同来的有新那四妹小中，新那大姐如兰陪着大姐夫卞学镛回来讲学，也一起到达北京。

岳母那一年的3月1日刚去世，他们共同生活将近六十年，岳父虽然口里不说，但我们知道，他心里是很难过的，非常寂寞。岳父1973年回国，受到周总理的亲切接见，见到了很多多年不见的老朋友。但这次回国时，他们中的不少人都已去世了。从这一点上说，岳父的内心是沉重的、悲伤的。但是，回国后短短的四个星期，岳父回到了常州老家，到了南京、上海，见到许多亲戚朋友，受到政协主席邓小平、社会科学院院长胡乔木的热情接见，接受了北京大学授予的名誉教授的头衔，见到了语言学界、音乐学界的同行和专家，我们全家三代都聚集到北京来陪岳父，四代同堂，这一切都使岳父感到愉快。

赵：他们准备回来参加四月份的清华校庆，但我母亲在三月份突然去世，就没有回来。后来姐姐、姐夫他们要回国，也就一块跟着回来了，父亲和妹妹作为社科院的客人，姐姐、姐夫他们到合肥去参加他们自己的活动，那是我父亲最后一次回国。

培云那阵子忙得很，又出差了，是我去接的。培云和孩子到后来才来。那次是邓小平在北京接见，那时候邓小平是全国政协主席。

1981年6月8日邓小平接见，那次钱三强来了。那时候胡乔木病了在住院，我父亲还到医院去看了他。我们还一块陪着他去看了金岳霖。

邓小平接见了我们一家人，我的儿子媳妇都在里面。谈了一个多小时，谈的是一般的情况。邓小平见我父亲从海外回来，问我父亲说什么话，我父亲挺逗趣的，用常州话回答他。

邓小平接见那次还预备着轮椅，因为听说岳父89岁了，所以到人民

1981年6月8日邓小平接见赵元任。(自左至右)前排:钱三强、王光美、卞学镄、赵元任、邓小平、赵如兰、赵小中、梅益;中排:黄家林、杨若宪、赵新那、黄培云、吕叔湘、傅承义

大会堂底下时，服务人员准备了轮椅。社科院的老李，已经陪同岳父很多天了，非常了解岳父，知道他不但不坐轮椅，走路不用拐杖，更不让别人搀扶。见到轮椅就对服务人员说："快拿走，快拿走，用不着。"岳父下了汽车，就自己大步朝人民大会堂的台阶走上去了。

赵：这次回国是父亲在世的最后一年中最高兴的事情。5 月 22 日上午，他在清华大学校长刘达、副校长张光斗的陪同下，重游清华园。一行人来到老南院（今照渊院）一号，父亲当年在清华任教时住过的一幢灰色的砖房，父亲第一个快步走上台阶，推开了栅栏走进去，上去敲门。不巧，主人不在家，进不去。我们就跟父亲一块儿在门前照了一张相。父亲回到了清华园，还总想再看一看故居。6月4日上午，父亲和我们一家人，没有惊动学校，又一次“秘密”地回到清华。这一次南院一号主人在家，给我们开了门，热情地领我们进到屋里。父亲在50多年前的“家”里转来转去，还去看工字厅、大礼堂。他对清华园的一草一木、一亭一阁都很留恋。

5月24日，父亲到了南京，跟1973年回国一样，又一次来到过去工作过的中央研究院历史语言研究所的办公地点，他又一次一间挨一间地看房子，最后还坐在自己过去办公的地点照了相。我想，他是在回想过去的语言实验室呢。为了找到江南高等学堂，接待单位做了不少调查，访问了不少人，虽然学堂房子早已不存在，父亲还是非常高兴地在门帘桥旧址留了一个影。父亲还去了金陵刻经处。这几年来，金陵刻经处修复的工作也有不少的进展，当汽车驶过南京逸仙桥小学时，我们姐妹几个跟着父亲一块儿唱起他为这所学校谱写的校歌：“中山路，逸仙桥，平坦坦的大道……”

父亲在海外住了大半辈子，对故乡常州仍然怀着深切的感情。5月27日，我们又一次来到了常州。母亲去世后，父亲意想不到地收到了常州市人民政府的唁电，他很感激。他说：“常州还没有忘记我这么一个在海外的儿子。”父亲请接待单位转达他的感谢之情。父亲这次又见到了1973年回常州时为他做过饭的厨师。他感谢厨师为他做的拿手好菜，让他又一次吃到了地道的家乡风味。对于家乡的建设和变化，他由衷地感到高兴。政协主席邓小平接见父亲时，父亲向邓主席表达了他的喜悦心情，他说：“常州进步了，变化很大。”父亲对于常州始终是念念不忘，留恋不舍。就是他给我的最后一封信，还说想回常州，要我陪他去呢！

父亲在北京、上海见到了语言学界、音乐界的许多同行和专家。社会科学院语言研究所、中央音乐学院、上海音乐学院、中国艺术研究院音乐研究所都举行了热情洋溢的座谈和文艺演出。父亲几次为大家演唱《卖布谣》《江上撑船歌》和《教我如何不想他》《清华校歌》，博得了热烈的掌声。看得出来，父亲和同行们在一起，心情格外愉快。他还多次表示，自己是个落伍的语言学家、落伍的音乐学家。父亲这样说，并不仅仅是出于谦虚，而是反映了他朴素的信念："长江后浪推前浪，一代新人胜旧人。"

6月10日，北京大学在临湖轩举行隆重仪式，授予父亲名誉教授的头衔。教育部长蒋南翔、社会科学院副院长梅益、社科院外事局局长王光美、北大校长张龙翔、党委书记韩天石，语言所吕叔湘、李荣，父亲的老朋友周培源、王力等都出席祝贺。那一天，他特别高兴，即席背诵了他译的《阿丽思漫游奇境记》一书里的一首诗。仪式结束后，中文系的几名学生拿着父亲写的《语言问题》一书围上来请父亲题字、签名。父亲年事已高，写字时手有些发颤，但还是欣然为同学们签字。吃中饭的时间快到了，北大中文系的师生都来到临湖轩，有些学生手里还拿着饭碗。一时间，临湖轩内，欢声笑语，到处都是朝气蓬勃的年轻人。他们分几组排列在台阶上，邀请父亲和大家合影。父亲走到每一组师生前面时，大家都热烈地鼓起掌来，紧紧地簇拥着他，一起合影留念。不少学生还拿着自己的相机，抢拍镜头。父亲教书六十年，最喜欢学生，最喜欢年轻人，他愉快地和学生们站在一起，满面笑容。我被那场面深深地感动着。我知道，父亲是永远属于学生们的。

周鲠生校长受蔡元培先生影响很深，认定办好一所大学，首先要有优秀的师资。所以他求贤若渴，广揽人才，摒除门户之见，宗派之别，不管是英美派，还是德日派，对于有真才实学的人，他都聘用。

我到了武大，首先把矿冶系的实验室逐步建立起来。因为没有实验室，就只能是上课，纸上谈兵。

第5章 受聘武大

老校长周鲠生

我留学回国为什么会到武汉大学任教呢？因为那时武汉大学的校长是周鲠生教授，是我岳父赵元任先生多年的好朋友。

周鲠生校长值得多说说，他是一位知名度很高的国际法学专家，也是一位杰出的教育家。

周鲠生校长原名周览，出生于湖南长沙的一个贫寒教书先生家庭。他幼时父母双亡，但从小学习能力就特别突出，被称为“神童周览”。后来，谭延闿在长沙废科举，办新学，创立湖南省立第一小学并且亲任学监，周览是首批考取该校的年龄最小的学生。17岁时，他官费留日，在早稻田大学攻读政治、法律、经济等学科。

在日本留学期间，他投入反清活动，参加了孙中山、黄兴等人组织的同盟会。后来他又在英国、法国留学，获得国际法学博士学位。

1928年，他和李四光、王星拱、刘树杞、麦焕章、黄建中、曾昭安等人负责筹建国立武汉大学。随后他在武汉大学担任教授、法律系主任、政治系主任、教务长。在周鲠生的整个生活中，教授国际法、研究国际法占据了他的大半个生涯。即使在他担任武大教务长和校长时，也从未脱离教学工作。

1939年他赴美从事讲学、研究活动并任旧金山国际联盟组织中国团顾问，直至1945年，他回国担任武汉大学校长。在美国的7年里，他经常与赵家来往，和岳父、胡适等人关系非常好。

1945年7月初，抗战即将胜利的前夕，国民政府教育部议定调王星拱为广州中山大学校长，决定由周鲠生接任武大校长。后来我听说，周鲠生受任校长时，面临最紧迫的两大难题：第一，由于武大进步力量强大，斗争激烈，被特务密告的人和事颇多，校长左右为难。第二，抗战胜利在即，迁校复员武昌成了当务之急。周校长对于第一个难题的态度是效法蔡元培先生，决不无故开除一个学生。然而第二个难题牵涉很多具体事物，解决起来非常复杂。但在周校长的精心筹划安排下，一个个地解决了。

周鲠生校长受蔡元培先生影响很深，认定办好一所大学，首先要有优秀的师资。所以他求贤若渴，广揽人才，摒除门户之见，宗派之别，不管是英美派，还是德日派，对于有真才实学的人，他都聘用。他在美国讲学期间，就十分注意在留学生中选拔人才，对选中的留学生总是亲自登门邀请，把聘书送到你手上。

周校长知道，“二战”一结束，会有一批中国留学生回国。他亲自在美国招聘了一大批留学生。再加上我们这批留学生中的张培刚是武汉大学毕业的，他在哈佛大学学习，对留学生也非常熟悉。哪些学生学习成绩怎么样，毕业后有什么想法，他完全了解。因此，在周校长和张培刚的共同努力之下，就说服了一批人。其他国内的高校也知道抗战胜利之后会有很多留学生归国这一信息，但有的学校是来不了人，有的来了人，在国外待很短时间又要回去，而聘请人要联系的事情还是比较多，也需要一些时间。联系好后，把聘书寄过来，也很花时间。武汉大学呢，周校长在美国，做决定，下聘书，都很快，所以接洽了很多人。周校长还有一个想法，他要把武汉大学系主任一级的全换成年轻人，也就是使用“少壮派”，所以他尽量争取多的人回去。

张培刚在美国哈佛大学读博士学位尚未毕业，周校长到美国，就预先聘他和吴于廑、韩德培三人学成后到武大任教。后来他们三人被称为“哈佛三剑客”，分别主持经济系、历史系和法律系。我也是比较早接到了周校长的聘书。

后来我见到过一个统计情况，说仅1945年到解放初，从美国留学生中应聘来武大的青年教授就达到50多人。有一次北大校长胡适来武大讲学，看到武大积聚了这么多的年轻教授，也很感慨周校长爱惜人才。周校长不仅善于选拔和爱惜正规学校培养的学生，还特别爱惜自学成才的青年人，号召师生们摒除世俗的偏见，看重自学成才的青年。

周校长在当时教育很不景气的情况下，提出：高等院校既要普遍发展，也应该重点发展。主张充实和加强那些设备好、教员好、环境也好的学校。他认为：“到处办校的结果，反倒无力补充好学校，与其多办学校，实在不如集中几个比较好的学校来充实。”并预言：“武大原来的建筑只能容纳一千人左右，在将来至少要办到能容纳五千人，甚至一万人。”“倘若不能容纳更多的学生，又怎能负起一等大学的责任呢?”在周鲠生担任校长期间，武汉大学确实有了很大的发展。除原有的文、法、理、工4个学院外，又恢复了农学院，增设了医学院，使武汉大学成为一所包括6个学院的多学科综合性大学。

他批评国民党政府的教育偏重应用而不重视理论，“提倡实科，压缩文科”。他指出：“在学术教育的立场上，这实在是不妥当的。”他说：“武大今后的政策，对于理论尚要多注意。”

周校长注重出人才，也注重出科研成果。他经常呼吁要在校内造成研究的空气，要做出有学术价值的贡献。

矿冶系主任

我和新那1946年12月底从美国回到了上海，出发前给家里写了信，告知行程，并说希望二哥来接我们。但我们并不知道家里收到信没有。新那问我，要是二哥不来接我们怎么办，我说，我也不知道。但我们下船，就见到二哥培熙在码头接我们。

当时我父亲、母亲住在上海，原来日本人侵略中国的时候，中国人避难多半跑到外国的租界去。后来“二战”时日本人连租界也占领了，但相对而言，对租界的破坏还是要少得多，所以我的家人一直住在租界里。

我们当时住在法租界的古拔新村。是一个很小的房子，三层楼，一层两间，一间大的，一间小的。我们回去后，培熙让出三楼他住的大间给我们住，自己搬到二楼的小杂屋去了。当时，全国学生闹学潮很厉害，“反饥饿、反内战、反迫害”，进步势力都同情共产党、反对国民党，民情激愤，很多学校都停了课，武大也停了课。张培刚他们先到了武大，住在半山庐单身教师宿舍。他们给我们写信，要我们暂时别到武大。当时培辰大哥也劝我们别去武大了，说学校饿死人，工资养不活人。但我认为，接到了聘书怎么能不去呢，况且回国来也是想做些研究工作，新那也支持我，所以我们还是去了。

我们在 1947 年 3 月到了武大，那时学校已经复课了。武大很困难，经费很少。本来能增加教师宿舍的，来不及弄，也没有钱，就把东湖中学的教室设作临时宿舍，很简陋，但很宽敞，我们就住下了。周校长与他的夫人还亲自来看望，并表示抱歉。

珞珈山的自然风景很好。珞珈山是一座起伏的山峦，略呈弯弓形，覆盖着青松翠柏及各色树木，看上去郁郁葱葱。从山下朝山上望去，武汉大学的教学大楼、图书馆等建筑规划得错落有致，也有规模。还有东湖，水面广阔，湖水清澈透明，自然环境能够帮助大家转移一些情绪。

武大迁回珞珈山后，学校经费拮据。国民党为了打内战，一再紧缩教育经费。1947 年 3 月 24 日，周鲠生校长在全校大会上报告说："学校

武汉大学校区。右前方为工学院，左边远方为学生宿舍，图书馆在学生宿舍后面山上（赵元任1935年摄）

经费每月只有一千一百余万元，而 1947 年 2 月全校仅水电费一项就开支二千六百万元。”一个月全部费用还不敷水电开支，教学科研的困境就可想而知了。加之当时物价继续上涨，1948 年元月份校内人员乘车买票只要一万元，8 月份就涨到六十万元。由此可知当时全国经济形势之混乱。

当时生活的确很困难。钱开始贬值。以前我没有经历过这样的贬值，发的工资都存银行。可是现在早上存进去的钱跟晚上存进去的钱都不一样，学校为了减少一点职工的困难，就有一部分工资用实物替代。什么实物呢？现在听起来都令人惊异，盐、几块钱的镍币……我最记得有次发的是 15 斤粗盐。为了不贬值，大家拿了工资就拼命买东西。有一次，因为新那怀了身孕，身子不方便，我进城去买东西，好东西别人都买走了，我只好买了个木柜子回来。新那说，行，咱们这个月就吃木头吧。

我们两个人的工资最少的时候加起来就是 1 块银元。有一个月没东西买，我就买了个铝桶，进口的，也很高兴。

工资的数目越来越大，先是几百块，后来又是几千块，几万块，上百万块钱，最多的时候都是几亿几亿的工资。后来连金圆券也贬值了。买东西经常得骑着自行车，后面是一大捆钞票，加在一起是几个亿去买点东西。这个时候日子很不好过，但我们也还是过来了。

我刚到武汉大学的时候，没有见到原来矿冶系的系主任周则岳。周则岳不在学校里面。

周则岳是冶金界很有名的资格很老的教授，是中国科学社早期的社员之一，我在中国科学社早期社员的名录中见到过他的名字。我们在武汉大学见到他的时候，他年纪已经很大了。他在炼铜的领域很有名气。但听说他总在外面，不在学校。

黄培云和妻子赵新那、儿子黄家汉在武汉大学东湖边

周鲠生校长把我聘回国之后，提出要把周则岳的系主任辞掉。我说这样不好，我刚回国，对系里的情况并不了解，系主任又不在家，虽然你作为校长有权力换系主任，但我个人认为还是不好。周鲠生校长有些生气，说周则岳作为系主任总是不在系里，没有承担应负的责任。当时他们两人

之间，应该是有些矛盾。

我听说周则岳很重面子，如果真是被武汉大学辞退，他会很不高兴，再说，作为老前辈，我一定是尊重他的。我把这些顾虑告诉周鲠生校长，周校长说，好不容易把你从美国请回国了，只当个副主任，难以全面施展。我说我也没当过系主任，该做些什么事也并不熟悉，就先做事，还是让周则岳来主持工作。

周则岳后来听说了这个情况，对我的态度还算满意。大概是在1947年年中，我被聘为武汉大学矿冶系的主任。当时系主任可以说几乎全部换了新的，甚至有条件的学院，也换了年轻的院长。那时有一个说法，管我们叫“少壮派”。最先换的医学院的院长，算是“少壮派”的头头了。

我到了武大，首先把矿冶系的实验室逐步建立起来。因为没有实验室，就只能是上课，纸上谈兵。那时金相学是很新的东西。我们刚到麻省理工学院的时候，我们的系主任就是讲金相学，写了一本书《金相学》，算是金相学的鼻祖，以前连这个名字都没有。所以我首先建立的是金相学的实验室，还有冶金实验室，都是逐步建立起来的。这当时在国内都是很少的，别的学校的人来参观，都觉得挺不错。慢慢的，武汉大学矿冶系在国内有了点名气。

黄培云和儿子黄家汉在武汉大学工学院前

实验室的建立是非常艰难的。在钱疯狂贬值的背景下，整个系里的经费就只能买几支粉笔、铅笔，哪有可能买新的设备，都是靠一批捐助给学校的设备。当时联合国给一些贫困国家捐助了一部分仪器。有的也不知道是干什么用的，连箱都没开。其中有的可以用的，比如金相显微镜、电炉。我就以这些设备为基础，配一些小零件，把设备慢慢累积建立起来。

那时科研做得不多，不完全具备条件，能把仪器装起来就是很大的工作量了。学生做实验的实验说明书的编写、实验程序的设计都是很花时间的事情。一天到晚忙的都是这些事情，不太有时间做自己的科研。

我同时还为武汉大学机械系开设了原来没有的课程。武汉大学机械系是很不错的，比矿冶系大得多，基础也强。所以我给机械系的学生开设了金相学的课程，教他们用放大镜看结晶颗粒的大小，还有他们很感兴趣的金属热处理课程——我国很早就有这样的实践，但没有这样的理论。以前机械系不掌握这些东西，开了这些课程后，很受学生欢迎。很多机械系的学生实际上等于改行了。崔昆是这个时期比较突出的学生，后来还成了中国工程院院士。他 1948 年武大毕业后，又从哈尔滨工业大学研究生班毕业。院系调整之后，在武汉成立了华中工学院①，崔昆长期在这所学校从事材料科学的教学与研究工作。他研究开发了一系列高性能新型模具钢，在生产中得到广泛的应用，很有经济效益。还有黄树槐，也很努力，他是 1948 年入武汉大学的，毕业后留校，1953 年院系调整，黄树槐也到了当时刚组建的华中工学院，工作做得很不错，后来做了华中工学院的院长。我听说他当院长八年，提出“异军突起，出奇制胜”的办学方略，取得了很不错的效果。

当年矿冶系毕业的学生，也有很多突出的。我把印象深的讲几个。

---

① 华中工学院即后来的华中理工大学，现在改为华中科技大学。

首先是刘业翔，他在武汉大学矿冶系就读的时候上过我的课，后来成立中南矿冶学院，他也是被并过来的学生之一。1953 年从中南矿冶学院毕业后留校，一直从事新能源材料及冶金过程模拟、控制与优化等方面的教学和科研。80 年代初，他在国际上率先研究了 1000 摄氏度下高温熔盐电解过程中的电催化现象。铝，从汽车、飞机到家用电器等等，都少不了它。但是，铝生性活泼，要把它从矿石中提炼出来，远比提炼铜、锌、锡等困难得多。他带领团队开发出适用于铝电解碳素阳极高温电催化剂，为解决铝电解节能降耗这一世界性难题做出了突出贡献。他的研究成果先后获得很多级别的奖项，包括国家科技进步一等奖。他在学校当过党委书记、校长，也被评为了院士，现在和我住对门。

还有张以增，他学得很好，业务很好。他 1951 年毕业于武汉大学矿冶系，同年留校任矿冶系助教，后来在华中理工大学担任教授。遗憾的是，他被划为右派，他的妻子是熊佛西和朱君允的女儿，叫熊性淑，我们也很熟悉。我和新那后来在熊性淑写的回忆里看到，张以增获平反的时候是在 1979 年春天，他正在杭州出差，得知这个消息，彻夜未眠，放声痛哭。他为失去的大好年华而哭，因为那个时候他已 52 岁了。不过他在划为右派期间，依然没有放松学习和研究，是我国延性断裂研究的开拓者之一，是有国际影响的断裂研究专家。早在 70 年代初期，他就开始从事材料断裂的研究，1981 年又开始研究延性断裂。他首次区分了“塑性应变对微空洞的形核以及对微空洞长大的不同贡献”，得出延性断裂过程是微空洞的连续形核和基体的内缩颈过程。他后来因病去世了。

武汉大学矿冶系还培养出一批参与中南矿冶学院建院的人，比如林学责、陶颂霖、佘思明等等。这批人在建校时起了很大的作用，缺什么就学什么，很快地学了之后顶上去。

“六一惨案”

我在武大时，还经历了“六一惨案”。

1946 年，国共内战全面展开，随着内战的升级和加剧，各地都有学生运动。到 1947 年春天，“反饥饿、反迫害、反内战”的学潮可以说风起云涌，国民党出动大批军警，在各地镇压学生运动，教授们有时在一起也谈论这些。

5 月 31 日晚上，我们都收听到了北方学潮的消息，知道北大清华的进步学生已被逮捕，我们当时的直觉是武汉也快了。

没想到“六一惨案”马上就发生了。我们当时住在东湖中学，当天天没亮我们就听到枪声，还听到有人朝我们住的地方跑来。武汉警备司令部于 6 月 1 日清晨派遣军警千人进攻武大，包围学校，武汉大学的共产党员和进步民主人士都藏起来了，学生听到枪声，出来看，有三个学生被军警枪杀了，逮捕师生多人，其中教授有缪朗山（外文系）、朱君允（中文系）、金克木（哲学系）、梁园东（历史系）、刘颖（工学院）等 5 人。其中朱君允、金克木、刘颖三位教授是我们很熟悉的。听大伙议论说，机关枪就架在图书馆上面，而学生宿舍就在图书馆下面，有的学生伸出头去看怎么回事，就可能被子弹射中。这件事在全国引起极大震动。

我们楼下住着一位民盟姓陈的教授，好像叫陈家芷，被列入反动军警要抓捕的教授名单。当时那帮人在楼下使劲敲门，问陈教授哪儿去了。他特别机警，说往另外一边跑了，军警就往另外一边追去，而陈教授就趁着这当儿溜出去躲藏起来，躲过劫难。因为他住在我们楼下，所以我们记得比较清楚。

“六一惨案”发生后，立即轰动全国，各地人民及国统区正义舆论纷纷进行声讨。武大学生和被害学生家属，也正式向国民党政府抗议。武大师生一边掩埋遇难者的尸体，一边继续展开斗争。

武大教授会开会决定罢教，推举韩德培与曾炳均教授起草《武大教授会罢教宣言》，对国民党的暴行提出强烈抗议，我当时也参加了罢教。武大很多教授一起到“武汉行辕”进行交涉，要求严惩凶手，并保证以后不再发生类似案件。而遇难学生的尸体停放在图书馆，学生们准备抬着尸体进城表示抗议。周校长当时在南京，听说这件事后赶紧赶回学校，说服学生们不要游行，因为天气很热了，尸体已经发出异味，怕因此引起疾病传播，要大家把尸体掩埋了。而周校长也向国民党提出要求，要他们放人，很快被抓的人就放出来了。

新民主主义教育协会

我们刚回国的时候，脑子里觉得美国的民主、自由是对的。我们觉得国民党统治太不讲民主了，认为民主非重视不可。

当时国共之间的战争逐步升级，国民党统治区物价飞涨，法币急剧贬值，人民生活困苦不堪。我就在思想上总是琢磨一些事：国民党要垮了。大家都说新民主主义思想和旧民主主义思想是有区别的，我那时出于好奇心——究竟有什么区别啊——很纳闷，问别人，别人也说不知道。好像看起来人家都知道，但就是不说。

那时，在“少壮派”教师里有一个叫刘绪贻的，教社会学，我认为他可能知道多一些，就问他。当时在场有很多人，他说等会儿再说。等人都走了，他跟我说，你别问了，让国民党特务知道了，要掉脑袋的。我大吃一惊，他说，你别做声，我回去给你找点东西看，你就知道怎么回事了。果然，他在没人的时候，给我带来一个小册子——毛主席的《新民主主义论》。他说，你千万别让人看见，没人的时候你看看，你就知道新民主主义和旧民主主义的区别了，新民主主义比旧民主主义好。从那时开始，我就接触毛主席的著作了，觉得里面说的都对，为什么认为这是对的就得掉脑袋呢？从那时起，他经常把《目前的形势和我们的任务》《论持久战》等文章给我看，我觉得写得好，不应该受到压制的。

在这里先介绍一下刘绪贻。他是 1945 年初入美国芝加哥大学社会系学习的，获硕士学位后于 1947 年 9 月回国，到武汉大学任副教授，讲授社会学与文化人类学。在教学中，我听说他将李达撰写的《社会学大纲》列为学生的必读参考书。同时，他用很大精力从事写作，在报刊上发表有关社会学、文化人类学的文章，都是针对时政的，要求实行“人民自己做主的真正民主”。解放后他重点研究美国史，是全国公认的研究罗斯福“新政”的学术权威，他比我大三岁，现在还很精神，见过他的人都说他看上去只有七十多岁的样子。春节的时候，他寄了照片给我，看照片，没人会认为他有九十多岁。他说自己健康长寿得益于常年坚持身体按摩与思想按摩，身体按摩是指他从三十来岁就开始每天做个把小时的自我按摩，思想按摩是指他从没间断学习与思考，直到现在还每天上网，还发表他的新见解。

刘绪贻告诉我：大家组织了一个协会，叫新民主主义教育协会，简称新教协，有一些活动，学习这些进步的东西，你可以参加。后来我才知道这个协会是武汉地下党领导的一个外围组织。我开始参加新教协的活动，后来新那也参加了。不少武汉大学有一定声望的教授、讲师都参加了，参加新教协的人越来越多，发展到70多个人，成为很有势力的一个团体了。后来武汉大学搞选举时，新教协赞成，大家就都赞成；新教协反对，大家就都反对。当时，地下党领导的新教协并不是都由地下党的党员来做领导，谁也不知道谁是真正的党员。刘绪贻当时就不是党员，有人说新教协的成员并没有名单，实际上是有的，但从不公开，也是出于保密的需要。

为迎接解放，保护学校免受损失，新教协是出了很大力的。后来才公布了一件事：解放前夕，已经流传国民党要从武汉撤退了。大家都知道它撤退前要杀一批共产党人，而且要对码头、学校、工厂进行破坏。实际上，解放前党组织对保护企业、工厂不受破坏都有各自的措施。但有的地方也难免其遭遇不测。最厉害的是，国民党把武汉渡江的轮渡炸掉了。这一炸，是个重要信号，知道破坏行动开始了，所以大家都很紧张。就在解放前夕的一个晚上，刘绪贻、张培刚、周明澥他们到我家里打桥牌，很神秘，实际上是躲在我家里，连他们的家人都不知道。天亮了，国民党军队就撤退了。

还有一个小插曲值得一提，后来才公布出来，新教协的成员都属于中国共产党的外围组织成员。在退休的时候，都是按离休手续办理。但我跟老伴后来参加中南矿冶学院的建设工作去了长沙，所以我们不知道这件事，老伴退休时就没按离休的手续办。后来还是跟刘绪贻联系，他那时已经入党了。我们说问过湖南这边的组织部，他们说不知道有这个组织。刘绪贻说，这个组织的情况已经报到党中央，党中央承认它是共产党的外围组织。这样湖南省委组织部又派人到武汉去，找到了有关这方面的档案，又经过了湖南省省委与武汉市市委来来去去的了解，结果，老伴现在享受的是离休的待遇。

解放后不久，我们就到长沙，参与中南矿冶学院的筹建工作去了。

建校之初，学生吃住在草棚里，上课时一张小凳子随身带，条件异常艰苦；更困难的是整个教学体系都要从头开始。

1956年中南矿冶学院开始有毕业生了，这些毕业生就业的时候都比较受欢迎。到企业和研究单位工作一段时间后，用人单位都反映中南矿冶学院出来的学生学科知识扎实又能吃苦耐劳，因此很受用人单位欢迎，特别在有色金属企业里非常受欢迎，这样就加强了学院对学科建设必要性的研究。

第 6 章

艰苦创建中南矿冶学院

我一生参与完成两件大的事情，一件是艰苦建校，一件是粉末冶金学科建设。艰苦建校，从无到有，把中南矿冶学院建成，一直发展到现在的程度。现在回顾起来，有很多感受。当然，整个建校是很大的事，成千成百的人在做，我有幸成为其中的一员。

筹备委员会成立始末

解放后，旧中国遗留下来的各大学的教育制度五花八门的，再加上许多国家在旧中国还办了许多学校，多数是英美式的，有些是教会学校，每个大学又各不一样，但大部分是多学科的。

1949 年新中国成立后，国家对旧的教育体系进行改造，对高等学校进行院系调整，以适应经济建设的需要。院系调整，即对大学进行跨省、跨区的改组、撤销或合并，其涉及面之广泛、程度之彻底可称为我国现代教育史之最。

当时院系调整总的方针是学习苏联，苏联在建国的时候因为急需各种建设人才，主要办的是单科性大学，学科分类很细，他们认为这样培养人才最快也最实用。不像多学科大学培养的学生，到工厂不能动手，还得学技术。在当时特定的历史条件下，这种教育制度总体上是适应当时政治、经济制度需要的，为我国的工业化建设和科学技术发展奠定了基础，培养了大批专门人才。但是，放到现在重新认识这种教育制度的变迁和当年的院系调整，不能不看到其固有的弱点和失误已发展为严重的弊端。学科越分越细，建设到了一定程度，苏联也意识到这样的人才专业太窄了。但中国学习苏联的时候，没有考虑长期的培养计划，一味批判"学了没用"，培养的学生基础还是很窄，到今天这个问题也没有很好地解决。当然，从80年代以来，国家又对教育制度进行了一系列的调整，我认为，道路还很漫长。

建国初，院系调整的大致经过是这样的：早在1949年底，高等学校即已开始在小范围内进行院系调整。例如北京大学、南开大学教育系并入北京师范大学；清华大学、北京大学、华北大学三校的农学院合并为北京农业大学。1951年4月，复旦大学土木系并入交通大学；交通大学纺织系与上海纺织工学院、上海工专纺织科合并为华东纺织工学院，等等。

1952年，根据优先发展重工业的方针，为适应高等教育满足培养经济建设急需的专门人才的需要，适应计划经济体制和统一分配毕业生制度的需要，开始大规模进行院系调整。

1951年11月2日到9日，教育部在北京召开了全国的工学院院长会议，研究教育改革方案，揭开了1952年院系调整的序幕。会议指出，全国工学院地区分布很不合理，集中在沿海地区和少数大城市，师资设备分散，使用效益低；学科庞杂，教学不切实际，培养人才不够专精；学生数量远远不能适应国家工业建设的需要。因此，决定以华北、华东和中南为重点进行全国高等学校院系调整工作。

那时中南、华北、华东都成立了大区教育部。当时参加会议的有武汉大学副教务长张瑞瑾，武汉大学工学院院长余炽昌，湖南大学教务长康辛元，中山大学工学院院长罗明燏，中南教育部高教处处长孙运仁等。这些人共同商定把六个学院的有关地质、采矿、冶金的学科调整合并，成立独立的中南矿冶学院。而且要求 1952 年就要招生，培养以有色金属工业需要的人才为主。

因为会议是分地区开的，所以在华北地区的会议上，又提出要把北京工业学院的以有色金属为主的学科也合并到中南矿冶学院里去。

中央教育部又在 1951 年底做出一个决定：要调清华大学的秘书长陈新民教授来组织筹备中南矿冶学院。因为当时除了这个构想什么都没有，教育部要求先成立筹备委员会。

筹备会是 1952 年初成立的，主席是中南教育部部长潘梓年，陈新民、易鼎新（湖南大学副校长）是副主任委员。委员有 15 个人，多半都是中南地区教育部的领导和政府领导。我能够查到弄清楚的是：中南教育部的副部长陈剑修，湖南省政府副主席程星龄，还有湖南省委宣传部长兼湖南省教育厅厅长朱凡，长沙市市长阎子祥，湖南大学党组书记覃正光，南昌大学教务委员会主任委员刘乾才，武汉大学工学院院长余炽昌，广西大学工学院院长谢世瀓，当时担任武汉大学矿冶系主任的我，广西大学矿冶系主任何福煦，湖南大学矿冶系主任马恒儒，南昌大学采矿科主任汪占辛，还有一些人我记不起来了。

这里面一大半人只参加了筹备委员会成立会议，以后很少见了，是挂名的。具体的工作都是几个系主任去办，但大的决定都是筹备委员会做出的。

立身之所

中南矿冶学院地址设在哪，当时争论很大，拖了很长一段时间定不下来。1951 年成立的北京钢铁学院设在北京，因此有一部分人坚持将中南矿冶学院也设在北京；而潘梓年、徐懋庸——他当时是中南教育部副部长，十分强调中南矿冶学院应该设在武汉。我当时因为是武汉大学矿冶系主任，也主张设在武汉，陈新民也接受设在武汉的想法；湖南大学校长李达主张设在长沙。

争了一段时间，还定不下来，再争下去会影响按时开学了。这时李达就到北京去找了毛主席。毛主席当时具体怎么表的态，只有李达知道了。但李达见了毛主席后传达说，毛主席不反对设在长沙，并不是说毛主席支持设在长沙。他说毛主席还讲，湖南是有色金属之乡，办一个培养有色金属人才的学院，设在长沙很恰当。

这么一说了以后，坚持要设在武汉的潘梓年、徐懋庸都不再反对。我原来竭力主张设在武汉，后来一想，设在武汉哪儿呢？武汉哪个地方可以容纳这么大个学院呢？如果设在武大附近，我自己尚住在中学教室里，还有哪儿能住得下这么多老师和学生？校舍可以另建，但要几个月完成，可能性几乎没有。实际上我也开始意识到设在武汉不行。

长沙当时的情况非常困难。1938 年时国民党军队知道顶不住日本人的攻势，已经准备把长沙毁掉，不被日本人占领后利用。因此据说文夕大火中有的火是中国人自己放的。老长沙都是些木头盖的房子，一起火，不去马上把它浇灭，火就会越来越旺。经过长沙大火后，长沙几乎夷为一片平地，破破烂烂，什么都没有。但陈新民和我都想到了长沙左家垅这个地方。我们都是清华的学生，我们知道清华当时以建农学院的名义在左家垅盖了几栋房子。那些房子原来是按清华的标准盖的，都是钢窗，很高级的。清华大学的图书馆采用的是玻璃地板，所以这些房子也沿用了这个办法，盖了玻璃地板，直到现在，这几栋房子里还有一部分地板是玻璃的。战争时期，这些房子已被破坏得就剩下个空壳了，钢窗已经被全部挖走了。

当年清华盖的房子中，其中的两栋，一栋给湖南革命大学，是现在湖南省委党校的前身。另一栋给了清华中学。钢窗被挖走了，湖南革大就用纸窗——棉纸浸在桐油里后糊在窗上，可以透光，下小雨也没有问题。湖南革大上课、职工居住，都在这两栋楼里，清华中学也是这样。

清华还盖了一栋学生宿舍，好像是三层楼的，那时日本人轰炸时被炸

和平楼，清华大学1936年在长沙营建的楼房之一，中南矿冶学院开学时，学生就在这里上课及做实验

了一个洞，像天窗一样。后来勉强修理，长沙没有红瓦，就用青瓦补，很有特色。后来这栋房子成了出版科，印讲义、教材。

就这么三栋房子，还已经有人住了。筹备委员会这时起了很大的作用。湖南省委省政府、长沙市政府领导亲自出动，要革大马上把家搬到岳麓山背后。他们搬离的房子由筹委会付费给他们。对于这一点我们做具体工作的不太服气，他们用树皮、草篷遮一遮的地方都算是建筑面积——有点敲竹杠的味道。他们搬的东西也简单，人一走，乱七八糟的东西扔在那，实际上全是垃圾。

清华中学就搬到城里，后来改名为长沙市一中。当时师生有八百多人，所以清华大学在长沙的校友会变成了全国最大的校友会，清华中学的师生也乐于参加清华的校友会，这都是后话了。

白手起家

中南矿冶学院建校的确是很艰苦，是真正的从无到有。1952 年的时候，朝鲜危机已经开始，局势很紧张。那时新中国的力量还是比较薄弱的，在这样的基础上，的确没有钱，也没有力量投入长沙的任何建设。

建校时感觉最困难的事是没有人。那时筹备委员会已经成立，尽管委员会绝大多数的委员都是校长、市长、省长，具体动手建校的就是几个系主任了。从 1952 年 3 月开始，筹委会的系主任就陆陆续续到了长沙。实际上这几个系主任——就五六个人——也都有自己的困难。怎么办呢？那时我们采取的措施是，从已经在长沙快毕业的学生（当时是 1952 年初，四年级的学生要 7 月才毕业）里找几个能干的、有点工作经验的学生干部抽出来帮忙。这还远远不够，实在没有别的办法了，把三年级的学生也挑一些。学生的总数我记不清了，从 1952 年 3 月份开始，参加建校工作的有十几个学生。当时采矿系学生就业很困难，抽出来留在学校帮着建校，他们也很愿意。

当时起作用比较大的人，我记得有一个叫佘思明的。他是武大学冶金的，后来留校从事教学工作，因为学校发展的需要，转专业研究半导体，在 90 年代初的时候，出版了《半导体硅材料学》。

建校的时候，佘思明负责木工。因为有洞庭湖、湘江水运的便利，当时长沙是国家木材集散的中心。长沙人是能用木头做东西的，但生产技术非常落后。佘思明就是先从学做木工开始的。他们真是有本领，先跟木材行业的人学行话，因为听不懂他们的行话，就无法学怎么买木头，弄木头。比如，很奇怪的——一直到现在还在用——买木头，问几指木，我也不知道他们怎么算的。佘思明他们从学行话开始，知道哪些木头好，能用几十年；哪些木头会长虫。他们很快就掌握了这些知识。估计学校的桌椅板凳、试验台需要多少木头，他们就去买，他们总能买到最好的木头。这木头真是好啊，我家里现在还有这样木头的几把椅子，是黑漆椅子，椅背印有白色的“矿院折凳”字样，半个世纪以上的历史了，结实极了，整个椅子上没有一个钉子。[①] 实物可以为证啊！

佘思明他们又买了马达和锯片，自己装了机器，锯木头非常快，与手工锯比又快又好。当时大家高兴得不得了：可以用新技术自己锯木头了！要用的东西，买得到的自己买，买不到的自己做，很快我们就把木工厂建起来了。最初名字叫木工厂，实际上除了那台锯以外，什么都没有。用锯子锯了木片，搭一个架子就可以遮风雨。架子比较高，上面架些木板，夏

① 赵新那补充，我留了四把椅子、一个桌子，没舍得丢，比什么摩登家具还好。

天学生怕热，就睡在木板上。一醒过来，就开机器。就这么靠这个木工厂做了一大批小板凳。课堂多半设在两栋主楼和自己盖的一些平房里，但最艰苦的时候，课堂还没整理好，还要照样上课。上课的时候，一般是露天稍能避风遮雨的地方，学生自备一个小板凳，找一个地方挂一块小黑板，就这样讲课和听课。

困难重重

建校不是把桌子板凳做好就行了。各个学校的学生从四面八方到长沙来，这个过程就不简单。筹委会做出决定后，就组织人到6个学校（湖南大学、武汉大学、广西大学、南昌大学、中山大学、北京工业学院）去做动员和安排工作。教育部已经通知了有关学校，他们多少有些准备，但具体的搬家工作还有待协调。我是被分配到广西大学。那时广西大学是在桂林，到那边去了以后我受到了他们很好的接待。我把学校的情况向学校的领导，特别是矿冶系的领导作了介绍。他们很羡慕，因为清华当时把重要的仪器和设备都搬到长沙去了。

广西大学合并到中南矿冶学院的有教师10人，其中教授5人，副教授1人，讲师1人，助教3人，学生大概几十个人。师生人数最多的是武大，合并到中南矿冶学院的有教师15人，其中教授5人，副教授2人，讲师2人，助教6人，学生有163人。第二多的是湖大，合并到中南矿冶学院的有教师15人，其中教授8人，讲师3人，助教4人，学生130人。中山大学合并过来的有教师12人，其中教授3人，副教授2人，讲师1人，助教6个人，学生51人。北京工业学院选矿和冶金专修科合并过来的有教师2人，都是教授，学生41人。加起来有好几百人，但这些人，特别是教师，都是有家眷的，大人小孩都有。当时交通不便，有的走水路，有的坐火车，有的想法子弄到了汽车。这样，学校正式开学之前，所有师生都到了长沙。

最开始的时候连学生宿舍、职工宿舍都没有。陈新民提出“以革命的精神，革命的方法，艰苦奋斗，团结建校”。他带头把家属从北京迁来，夫人和三个孩子，老大4岁，老二3岁，老三还抱在手上不会走路。一间房子，大人小孩都住在一起，生活、睡觉、接待“三合一”。喝的是溪泉水，进餐打“游击”，因为食堂无餐桌和凳子，一般餐桌就摞在教室门口过道边。

各个学校的师生到了后，老师们一般住在左家垅附近的一所中学里，借用他们的教室。一家住一间，人口少的住得下，人口多的就很挤了。吃饭就每家在门口发一张桌子，大家都在过道上吃饭，每家怎么生活，吃什么东西都是公开的，很热闹。好开玩笑的老师一回来就说，你们家的菜做得好香啊，分我点尝尝。

学生没有地方住，也是挤在教室里，能挤几张床就挤几张床。幸亏工程进展还是很快，尤其是清华留下的那两栋主楼、一栋宿舍，经过修整后很快就可以住人了。在修整的过程中，实在买不到瓦，我们还自己做过瓦。更困难的是，建房子还需要大量的砖，我们也只能自己做。以前清华盖房子用的砖都是从上海运来的，长沙人没有掌握烧红砖的技术，只会生产少量的灰砖。我们自己建窑，自己压胚，自己烧砖。

建校的时候，左家垅一带缺水十分严重。一般是靠井水作饮用水，一碰到天旱的时候，井水也枯了，只有少数井是例外。湖南大学校区地势比左家垅高，也是靠井水。他们有个白鹤泉，不论旱、涝，基本上水深都是维持不变，所以水基本上够用。左家垅一带就不行了，新生一来，增加了千把人，这时缺水就成了非常严重的问题，甚至连喝水都有困难。当时学校，特别是地质系的学生都动员起来，到处找水，找地质构造与白鹤泉相类似的地方，终于找到了一些较好的井。后来才发现，左家垅一带比较好的井，与白鹤泉不相上下。因为左家垅地势低，白鹤泉地势高，左家垅找到的井的水量比白鹤泉还大，最大的供水量可以达到一天800吨，是相当不错的一个水源。现在这些井已经封起来不用了，实在困难的时候还可以启用这些水源。

后来左家垅人口激增，很热闹，居民也需要大量的水，只靠井水还远远不够，我们又不得不考虑自来水的问题。当时河西没有自来水厂，再建自来水厂也不现实，我们开始是希望通一根管子过来，让河东的自来水能够过江。学校与自来水厂商量，自来水厂的人说做不到，管道的问题解决不了。这就逼得学校自己要解决自来水问题，只能自己办了一个小型的自来水厂。当时选了一个靠湘江比较近的地方，在渔湾市。我们自己设计，自己装管子……河西开始有自来水，就是从中南矿冶学院兴建的这个小自来水厂开始。这个小厂后来划归市有了。当时的长沙市市长也是中南矿冶学院筹备委员会委员，很支持这件事，他把这个自来水厂接了过来，扩大为河西的自来水厂，地址则还在那个地方。

在这还需要提一个人，林学责。建校的时候，很多具体事情的协调，去跑的都是他。解决用水问题过程中，许多环节都是他去处理办好的。建校之后，许多外事活动的协调也是他。

交通运输也是一个问题。建校时，因为左家垅一带破坏得很厉害，只有一条羊肠小道，弯弯曲曲的，勉强可以通过单车，其中还有一两处连单车通过都很困难，只能推车走。那时筹委会的工作人员都借住在湖南大学建工学院的地方。我们完全靠人工，先用锄头铲平路，能通单车，跑一趟不必费一两个钟头。然后又能通卡车，一大批建校物资、迁校物资就能输送到新校区去了，交通运输的问题得到了缓解。

在极为困难的情况下，大家能团结一致，信心十足，认为国家有奔头，学校有奔头，没有被困难吓倒。

胜利开学

在建校过程中，我印象比较深的，一是当时的教育部长杨秀峰视察学校时对大家的鼓励。他是新中国第一任教育部长，极力主张要建立中南矿冶学院，曾两次亲自来到学校视察。第一次来的情形我印象非常深。他起先有点担心，教育部决定 1952 年中南矿冶学院就要招生，这个决定能不能做到。我还记得，那时筹备委员会主任陈新民，还有包括我在内的三四个人向他作了汇报。杨部长听了我们的汇报后，有点出乎我们意外的是，他大为称赞，他明白地说，我原来有点担心，来了一看，你们已经进展很快。他说，当年我们在延安建抗大的时候就是这样，你们用类似延安抗大的建设精神，一定能建得成，按期开学，完成教育部的任务。

我们当时的确没有办法接待中央来的部长，既无宾馆，也无招待所。没办法，只有这个条件，就用这个条件吧。那时已经开始建实验室，就在选矿楼里腾出一间小实验室，可以摆一个床，一张桌子。床十分简单，两条木凳，上头铺着薄薄的木板，就作为接待部长的床了。因为他来的时候天已经比较热了，被子、褥子倒是新的，桌子就找了一个三屉桌，上头摆着一个红的、竹壳的热水瓶。桌灯也没有，就靠屋子里头一盏电灯，再加上一个手电筒。厕所还很远，是茅坑，那时没有什么抽水马桶。所以手电筒是必需的，得拿着手电筒走几十步才到厕所，小便就地解决。

杨部长这次来给了我们极大的鼓励，使得大家更有信心。第二次他来是路过，不住在学校，由省里接待。但他还是坚持来看学校，包括学生宿舍，大家生活情况怎样，他都实地看了一下，这件事我印象很深。

二是上课教材的准备。教育部要求学校 1952 年 11 月要开学。开学的时候当然要上课，于是六个学校的有关系主任和院长碰头研究。我们很快就发现六个学校所用的教材很不一致，各科教材虽然名字一样，但是内容范围深浅大不一样。这样开学怎么上课呢？用哪个教材呢？必须在开学以前先把各个学科的内涵、范围等规定好。

我们把六个学校的教材摆在一块儿，商量一下选哪个比较好。地质方面有比较强的几个学校，比如中山大学、武汉大学、湖南大学，都比较强，就在强中选优来用。采矿方面也是这样，有几个学校比较强，像湖大和武大。冶金类是湖大、武大、南昌大学、广西大学都比较强。后来再加上北京工业学院赵天从教授、胡为柏教授和胡熙赓教授这几位有名的教授使用的教材。比较后统一了教材，以武大、湖大、北京工业学院的教材为主。印教材当时没有复印机和扫描仪，用的是蜡纸和油印机。教材准备好了，开学就有得用了。

当时整个学校成为繁忙的建筑工地，锯木声响彻昼夜，学生们边学习边参与建校，挤在当年清华盖的两栋主楼——和平楼和民主楼上课，师资不足，就并成大班上课。有学生还记得那时他们拿着小板凳，几百人挤在老图书馆“礼堂”听顾凌申副院长上政治课的情况，说他们听得津津有味，却担心楼板会不会超重塌下去，不敢鼓掌或跺脚。

照明供电问题虽然在开学前解决了，但供水由于兴建水厂与管道工程赶不上需要。学校开学时，有一段时间，几千人饮用水都只能靠机井供水。每日早晨井旁取水人排成长龙。教室内课桌椅都由校办工厂逐步供给。有不少教室一时尚无桌椅，学生每人自带小板凳一个，换教室时碰到桌椅尚缺的教室，就坐在小板凳上听课。尽管建校的时候学生上课很艰苦，但最艰苦的时期幸亏不是太长。到开学的时候，原来规定的所有的课程和实验都能够进行了。不是凑凑合合的，是真正意义上的开学上课了。

连体育课都能上了，因为我们建了风雨操场。风雨操场（体育馆）是中南矿冶学院很有名的建筑，因为这个建筑原来都是木头结构的，选的是

中南矿冶学院校门

最好的木头。本来是临时用一下，下雨刮风时还能上体育课。结果后来变成多用途的了：大型集会的场所，周末还放电影。左家垅一带没有电影院，附近的人都来看，没有座位了，就站在那看。字幕是半透明的，进不了操场的人可以带着小板凳从背面看。尤其是有声电影，从背面看没有什么区别，只是让人疑惑，电影里的人怎么老用左手握手啊。

所有学校的大型聚会也是在风雨操场。朝鲜战争爆发后，教育部的经费尤其困难，规定停建一切楼堂馆所，连图书馆都不能建。因此中南矿冶

1955年庆祝中南矿冶学院建校三周年。主席台上左起：陈新民院长（四），顾凌申副院长、党组书记（五），黄培云副院长（六）、蒋良俊副院长（七）

学院开大会、有重要人物来做报告，都是在风雨操场举行。风雨操场用了半个世纪以上，是最近建生物楼时才拆掉的。

关于校名的题写也有意思。这是新中国自己成立的大学，大家都希望能请毛主席给题写校名。后来未能如愿，大家就到处找毛主席的书法手迹，拼出个“毛体”的校名来。那个“冶”字实在是找不到了，有人从毛主席的“一定要根治淮河”里弄出来一个“治”字，去掉了一“点”，成了“冶”字。

1952 年 11 月 1 日，学校正式开学了。开学的那天还是很热闹的。中央和省、市都来了领导同志参加开学典礼。那是中南矿冶学院值得纪念的日子。典礼上宣布陈新民为中南矿冶学院第一任院长，副院长是顾凌申和我。我是副院长兼教务长。

从建院至 1954 年，学院属中南教育部领导。撤销大区后，1954 年 12 月起改由中央高等教育部直接领导，1958 年 8 月由教育部移交给冶金部。1960 年 10 月学院被定为全国重点高等学校。“文革”中，1969 年下放给湖南省革委会领导。“文革”后，1978 年 3 月由冶金部和湖南省双重领导，以冶金部为主；1983 年 5 月又改为直属中国有色金属工业总公司领导。1985 年 7 月改名为中南工业大学。1998 年在国务院调整部门所属学校管理体制时，划归教育部直属的全国重点大学，并决定将长沙工业高等专科学校并入中南工业大学。2000 年 4 月 11 日，教育部发出文件，中南工业大学、湖南医科大学、长沙铁道学院合并组建成中南大学，① 同时宣布撤销原三校建制，明确中南大学为教育部直属高校。

---

① 见《关于中南工业大学、湖南医科大学、长沙铁道学院合并组建中南大学的决定》（教发［2000］84 号）。

教学组织

建校之初，学生吃住在草棚里，上课时一张小凳子随身带，条件异常艰苦；更困难的是整个教学体系都要从头开始。

教材准备好了，开学时能够用上了，但我们自己综合几所大学教材后临时编写的教材没有用好久。1952 年年底，上头有文件传来，教育部规定，要求统一用苏联的教材，用俄文的教材翻译过来，参考书也用俄文的，我们自己编写的教材就不准用了。陈新民院长组织我们一起参照苏联经验，设计学院有色冶金类各专业、组织制订教学计划、发动教师翻译编写教材。

除教材外，就连教学组织也学苏联。苏联是按全国统一教学计划、教学大纲教学。英美只有系，系以下没有另外的教学组织了。苏联有教学研

20世纪50年代黄培云在学院大操坪与学生们在一起

究组，简称“教研组”，每一个学科都成立教研组，并且设立教研组主任。除去系主任以外，还有教研组主任。

采用苏联这个制度，总的说起来不能再像英美习惯的做法，教授爱讲什么就讲什么。在英美的教育制度下，对教师的要求很高。教师水平高，那个学科就好。遇到不太高明的教师，那个学科就不行。

对刚成立的中南矿冶学院来讲，苏联那一套也还比较适用，因为教师怎么教，哪位教师上这门课比较合适，主要由教研组主任定。所以新的教师在开课前先要由教研组主任听他试讲。这种办法在英美教学中没有，在英美的高校，老师怎么讲别人管不着。中南矿冶学院成立时很多老师都没有经验，有一个培养和训练的过程，对老师很有好处，这样也是对学生负责。教研组主任让新老师试讲，试讲后发现不行就换别人。多数老师都很认真地备课、试讲。通过试讲，教研组觉得满意后就可以上课。这一套东西都为大家所接受。教研组还开展教学法工作，研究哪些要讲清楚，这对新老师很有帮助。

中南矿冶学院从成立开始，就进行了教学改革。但这个过程并不是平坦简单的，刚开始不少人对教学改革信心不足，有人预言：“教学改革花样太多，如此搞法非垮不可。”

现在回顾，那个年代的人们确实是生活在政治气氛中，学院的教学改革，首先是统一思想，一步步明确教学思想。“教育是为人民服务的，为生产建设服务的”，“理论应该联系实际”，“政治指导业务，业务体现政治”，“教师是教人而不仅是教书的”，“在教学过程中教师是起主导作用的”，“我们应该结合中国实际虚心学习苏联”，等等，那时候，要先让这些思想为大家所接受，贯穿在具体的教学组织过程中。

我是倡导“三严”作风的，即严肃对待教学工作、严密组织教学过程、严格要求学生。建校以后，我们一方面不断改善教学的物质条件，一方面大力培养师资。学院成立时基建只有两万多平方米；实验室、教室、宿舍等都非常缺乏。大概用了三年时间，教学楼、实验室楼相继建成，实验室设备不断补充，使学生所学理论知识能通过实验而得到验证与巩固，使教学质量逐渐提高。

从 1954 年开始，几名苏联专家先后来到学院，在他们的指导下，学院改组了院务会议，调整教研组，修订教学计划及教学大纲，开展教学法工作，开始了研究生的培养，进行了学生日常成绩的统计与检查工作，开出了专业课程设计，进行了毕业设计的准备工作，开始注意科学研究工作。

学院初成立时，师资极感困难，许多基础课师资根本没有，专业课师资在量上虽较多但是在质上很多也是达不到要求的。学院对原有教师强调在实践中提高，要求青年教师在规定的期限内过好教学、科研和外文关；1959 年至 1961 年间，从学生中择优抽调 200 余名作为教师培养，其中约 100 名作为基础课教师的培养对象委托北京大学、南开大学、吉林大学、

建院后新盖的教工一舍，提供给单身教师居住

20世纪50年代后期黄培云和来学院的苏联专家在实验室

武汉大学、南京大学、厦门大学代培。

当时还抽调一些老师到苏联进修，学院也和苏联相关大学进行学术访问和交流。

学院强调科学研究的重要性，认为科研是促进教师成长的重要因素，是提高教师学术水平，保证教学质量的重要途径，以增强教师进行科学研究的自觉性；同时利用当时行政管理优势促进教师开展科学研究。因此，中南矿冶学院的教师和学生参加国家科技攻关时能捷报频传，取得了一系列研究成果，如：湘东钨矿采矿的突破、金属矿山通风防尘“毫克歼灭战”告捷、贫汞矿沸腾焙烧试验成功并推广应用、硫铁矿烧渣试验成功并建厂投产、参与造原子弹用核燃料铀 235 与铀 238 的分离获得成功……而以上项目中涉及的金属都是我们国家急需的原材料。

学科发展

当然，学科建设也是一步一步进行的。建校初期，我们根据国家建设需要设置了地质、采矿、选矿、有色金属冶金四个系；设立矿区开采、有色金属、矿产地质及勘探、探矿技术、地下矿开采、金属矿物精选 6 个两年制专修科，根据专业培养目标制度制订教学计划；根据教学计划开出了许多课程，并执行了讲授、实验课、习题课、生产实习、课程设计、毕业设计等新的教学方式；逐步采用了口试的考试制度及考查制度；建立了正规的基层教学组织教研组，加强了各级特别是系一级教学行政组织；推动学生小班的组织。

到 1957 年，学院陆续增设了矿产地质及勘探、金属学及有色金属及其合金热处理、探矿工程、矿山机电、有色金属及合金压力加工、矿山测量、地质测量及矿产普查、地球物理探矿等 8 个专业，并从 1955 年起将学制改为五年。1956 年第一次招收副博士研究生，我和赵天从教授任导师，同年 10 月设立了科研部。

1956年黄培云(二排右四)与中南矿冶学院首届毕业生5264班合影

1956年黄培云（二排中）与冶金系5261班毕业生合影，该班是首届粉末冶金专门化的学生

1956 年中南矿冶学院开始有毕业生了，这些毕业生就业的时候都比较受欢迎。到企业和研究单位工作一段时间后，用人单位都反映中南矿冶学院出来的学生学科知识扎实又能吃苦耐劳，因此很受用人单位欢迎，特别在有色金属企业里非常受欢迎，这样就加强了学院对学科建设必要性的研究。而且通过毕业生反馈回学院的信息，可以了解国家、企业还需要哪方面的人才，以及根据科学技术发展的情况增设新的学科。这儿有一个很好的例子可以说一下。

比如像当时的选矿系，选矿是怎么回事呢？一个铜矿，开采出来的并不都是铜，它和乱七八糟的东西混在一起，要把铜提取出来得要选矿。哪里有50%的矿呢，只有百分之几的，比方说3%。铜以某种矿物状态在铜矿浮选时随气泡浮到上面来，一刮得精矿，刮出来的叫精矿。经过几次浮选得到品位很高的矿，这样拿出的精矿再去炼铜，这叫选矿。这样得出来的精矿都是很细的粉末，拿这粉去炼铜，随着风一吹，容易被风吹走。怎么办呢？这样发展出新的学科叫“团矿”，把细粉制成一团一团的，风吹不走了。不同的矿又得有不同的团矿方法，这样团矿专业越来越重要，不仅是有色金属需要，钢铁也需要。

这样，中南矿冶学院根据国家的需要和科学发展的需要，不断设立新的学科，到“文革”前建立了新材料、地质、采矿、选矿和冶金5个研究

黄培云（后排中）出差到北京和中南矿冶学院的校友们在天坛合影留念

室，经常保持有 200 余名教师参加科学研究；同时组织力量筹办机械厂和粉末冶金厂，使之成为教学、科研、生产三结合基地。在专业建设上增设工业企业电气化、冶金机械、冶金物理化学、冶金分析化学和金属物理 5 个专业，原有的有色冶金专业分为重金属冶金、轻金属冶金、稀有金属冶金和粉末冶金 4 个专业。到“文革”前，学校的专业已发展到 19 个，以有色金属为主体的专业基本上配备齐全。

虽然和其他高等院校一样，在“文革”期间，学院遭受空前的浩劫，损失惨重。但因为毕竟有原来很好的基础，后来经过恢复、发展，学院仍然建成比较完备的学科群，包括地质、采矿、选矿、团矿、冶金、材料等有关学科。在拥有比较完备学科群的大环境里培养出来的人才学科视野开阔，比较有全局观念。

参与制定国家十二年科学规划

1956 年，全国出现向科学进军的热潮后，我被学校改任分工主管科研，教学工作由蒋良俊教授（任教务长，后增聘为副院长）主管。这样我就可以全力以赴地抓科研工作了。1956 年中国科学院矿冶研究所在长沙成立，我还被聘为兼职副所长，至 1983 年。这个所“文革”以后划归省里，现在为矿冶研究院。

1956 年，我和胡为柏、赵天从到北京参与了国家十二年科学规划的制定。胡为柏担任国家科学规划委员会（1958 年改组为国家科委）矿业工程组委员，我和赵天从担任冶金组委员。在十二年科技远景规划的 57 项重大任务中，中南矿冶学院承担了 2 项中的 3 个专题，进入了科学研究的国家队。

胡为柏教授是学院选矿系主任，编写有《浮选》等著作。赵天从教授是冶金系副主任，是我国现代锑冶金事业的开拓者，40 年代初他研制出“吹碱氧化法精炼纯锑工艺”和“间接法制取锑白工艺”，80 年代中又首创了“氧化—水解法”制取锑白工艺。

十二年科学规划是新中国建立以后，非常重要的一次科学规划，在我们国家的科学发展史上有重要意义。

这次规划的背景是：新中国刚建立不久，战争的威胁并没有解除，各项工作百废待举。在这种历史条件下，国家的经济状况并不是很好，因此必须自强不息。我国从 1953 年开始实施的第一个发展国民经济的五年计划，在各方面的共同努力下，任务大部分提前完成。国家设想在第二、第三个五年计划内更大规模地开展经济建设，这个总体目标的实现有赖于科学技术的发展，从而对当时还很薄弱的科技工作提出了很高的要求。

从上世纪 40 年代中期到 50 年代中期的 10 年，是世界技术发展突飞猛进的时候，我们叫新技术革命，其代表标志领域，第一个是核技术，核能的和平利用刚刚开始。第二个标志就是 1946 年美国做出第一台电子计算机，它的出现改变了人们对机器的认识，长时间以来，机器是替代人的体力劳动，从计算机出现以后，可以说是人脑的部分的扩大。第三个是集成电路、半导体的出现，后来才有信息技术的发展。第四个是 1957 年 5 月，苏联第一颗人造卫星上天，人类第一次有脱离地球的可能。这四个技术领域在当时的突破代表了 20 世纪中期世界的科学技术变化。当时仅仅是技术应用的开端，而我国第一次迎接世界的技术革命时，就有了 1956 年的十二年科学规划。

1956 年的十二年科学规划，非常重要的一点是解决了方法论的问题。

当时我们处于正在转型走计划经济的时代，科学技术也需要一个计划的安排，但谁也没有经验。当时世界各国有许多单项规划，比如曼哈顿工程等，但做一个全面的规划是毫无经验的。1955 年末，由中国科学院带头，首先搞科技的长远规划，然后在此基础上制定国家的规划。

十二年规划正式的名字，是“国家十二年科学技术发展远景规划（1956—1967）”，把技术加进去了，但我们起初参加规划的时候，只提科学规划，没有提技术，就是叫“科学规划”。

1956 年初，中央决定制定十二年科学规划，全国邀请了 700 多位科技专家集中在北京西郊宾馆。在中国科学院各学部的基础上，邀请各高校、很多工程技术方面的专家。我们家保留了当时参加十二年规划的合影，当时国家第一代领导几乎全在里面，邓小平那时还年轻。坐在第一排的老一辈科学家，不光是理工科的如李四光、竺可桢、周仁、杨石先，也包括人文社会科学的，如金岳霖。还有当时的教育部长杨秀峰等等。

1956年中央领导接见参加十二年科学规划会议科学家合影的局部，三排居中者为黄培云，第一排左起：周培源、严济慈、范长江、×××、范文澜

规划怎么做呢？组织上让大家按照“任务为经，学科为纬”这个方针做：用任务带学科的方法来编这个计划。后来大家编了 57 项重大任务，几乎包括了经济建设的各个方面，从地质勘测开始，到采矿冶炼加工，一直到机械制造各个方面，农、林、水、电都有。除了原子能和喷气技术之外还出了一个叫做《四大紧急措施》的文件，是关于发展那些急迫需要国家支持

的技术的。这个文件非常重要，包括支持无线电电子学、计算机、半导体和自动化技术的发展。

现在回忆当时参与制定规划的过程有一些伤感，因为很多很好的朋友，当时参加这项工作的人很多都去世了，现在还存世的人不多了。

我们冶金组八九个人，中科院金属所所长李薰是组长。我记忆中当时很活跃的人物，有上海冶金研究所的吴自良和邹元爔，还有叶渚沛等老一辈的科学家。我们在一起很热闹。

李薰是湖南人，有名的物理冶金学家。他在英国留学时有这样的故事流传开来：二战前期，英国人在制造喷火战斗机时，飞机升空不久就主轴断裂，总是造成机毁人亡的事故。英国人调集了相当多的力量来研究，却始终没找到问题所在。英国皇家科学院一位院士向国防部推荐了正在大学做研究的中国学生李薰，李薰从不为人注意的材料上入手，结果发现，在发动机主轴的钢材上，聚集了很多氢原子和氢分子，而大量的氢聚集导致了氢断裂。也就是说，在金属材料的加工与处理上通常会发生氢脆现象，导致金属材料断裂。不到 30 岁的李薰，于是也就成了氢脆理论的创始人，他获得了哲学博士和非常难得授予的冶金科学博士，推动了二战时期材料科学的发展。

新中国成立后，李薰受周恩来总理召唤和安排，想方设法经香港回到北京，创建了中国赫赫有名的沈阳金属研究所。他留学英国的学术成就主要是在金属学方面，但国内当时正值三年经济恢复时期和第一个国民经济五年建设计划的前夜，首要解决的是钢铁生产问题，而重点又在冶炼。他不顾本人学术专长，决定以冶炼、燃料、耐火材料为建所主要内容。后来，他领导研究所为“两弹一星”、航天航空材料等高新技术材料做出了相当大的贡献。编制十二年科学规划时，李薰主持冶金科学技术部分，当时就提出应发展转炉吹氧炼钢技术。

叶渚沛是冶金学家，毕业于美国宾夕法尼亚大学。参加编制规划时，他刚刚筹建了中国科学院化工冶金研究所，担任所长。叶渚沛一心想用国际上最新的科学技术来改造我国的冶炼系统，改变我国钢铁工业的落后面貌。那时候高压炉顶、高风温、高温度（简称“三高”）炼铁和氧气顶吹转炉炼钢等最新冶炼技术刚刚崭露头角，他就已经在理论上做了深入的研究。他写了一系列的论文，从流体力学、传热、传质等基本原理的角度，对“三高”进行了精辟的论证，从而发展了高炉理论。他指出，一座400~600立方米的采用“三高”技术的高炉，产量将与1500立方米的大高炉相近；也就是说，产量增加一倍以上。而这种新型高炉还具有技术先进，灵活性大，原料、燃料适应性好，设备容易制造等优点，是大高炉不可比拟的。编制规划的时候，听他说，他已经向有关部门提出了详细的书面建议，并且明确地指出，采用氧气顶吹炼钢法迅速发展我国冶金工业，看来是必由之路。但是，后来得知他的建议当时没有引起冶金部门领导的重视，而被搁置一旁了。

邹元爔和吴自良都获得美国匹兹堡卡内基理工学院冶金系博士学位。邹元爔学成归国后，受浙江大学校长竺可桢之邀，到浙大任教授。新中国成立后他到中科院上海冶金研究所工作。参加规划编制时，已经是所长，他曾经和有关专家一起，进行包头氟铁矿高炉冶炼研究，解决了含氟铁矿的冶炼问题，使包钢得以投入全面开发。

到60年代初，邹元爔注意到新兴电子技术急需创造出半导体材料新产品，他抛开研究钢铁冶炼方面已有的基础和成就，改行从事半导体材料研究，并在四五年间就取得了令世界瞩目的成果，成为我国半导体材料研究的先驱者之一。

吴自良和我同年，我们是很好的朋友。参加规划编制时，他是上海冶金研究所的副所长。他告诉我，他和同事完成了中央军委下达的抗美援朝前方需要的特种电阻丝研制任务，获得了奖励。接着又正在用国内富产元素锰、铝等代替短缺的铬，研制苏联40X低合金钢的代用钢，也有很好的进展。后来，这个任务也成功完成了，对建立中国合金钢系统起了开创作用。60年代，在困难的条件下，冶金所承担气体扩散法分离铀同位素用的“甲分离膜的制造技术”任务，他那个时候是做管子，我们中南矿冶学院和北京钢铁研究总院联合做的是片，要是论技术问题来说，做管子比做片还难做些，但是他领导科研人员克服困难投入研制，后来试制成功。他是“两弹一星”的23位元勋之一。

当时我们得到一个关于苏联和平利用原子能的信息。和平利用原子能是苏联首先开展的，而且他们宣布原子能已经得到和平应用。这个信息给我们做科学规划很大的鼓舞。大家讨论来讨论去，谈将来冶金怎么发展，很兴奋。我们当时认为，最有发展前途的是钛，钛比铁在地球上多得多，于是做规划要大力发展钛的工业。大家越想越兴奋，说以后铁道部要被“钛道部”所代替，铁路要被“钛路”所代替。认为这个日子虽然还很遥远，但将来能够看得到。制定十二年规划的这段趣事，是很多人不知道的。

还有一件事情，当时国家领导人邀请苏联专家来帮助做科学规划，苏联专家组来了16个人，其中有人给我们讲半导体的科学技术。会务组要求相关专业的与会人员都要去听苏联专家组的讲座。起初大家是很高兴去听讲座，但是一听，非常失望。因为当时苏联专家把中国专家的水平估计得太低了，好像认为大家对半导体毫无所知。

也许在邀请的时候沟通不够，虽然半导体在当时是很新的东西，但这样的讲法在我们看来，几乎没有可听的价值，简直可以认为是对中国科学家的侮辱。于是大家都不肯继续听讲座了，领导来做工作，说邀请苏联专家组费了很大的力气，人家好不容易来了，来做报告你们又拒绝去听，你们不应该这样做。领导要求我们继续去听，我们这批人中，有一些刚从国外回来的科学家，其中就有研究半导体的，我们就请他向苏联专家提问。他提问涉及苏联正在研究而没解决的方面，请苏联专家谈这方面最新的进展。苏联专家组一听中国专家提出的问题，只好说，这个问题我们也才开始研究，无法进行更详细的回答。而我方提问的科学家就讲了一通他所知的这方面的国际进展。苏联专家们听了，大吃一惊，原来中国科学家关于半导体最新最高端的情况都知道了。这时，他明白了他们把中国科学家估计得太低了。

还有一个方面，就是对十二年科学规划的评价问题。十二年科学规划对中国科学的进步还是起了很明显的积极作用。但是怎么评价这个规划呢，后来有不同的评价。最高的评价是，认为中国的十二年科学规划是世界上第一个国家级长远规划。这个是后来的评价，我们当时做规划的时候，并没觉得我们是在参与做世界上第一个国家级长远规划。科学界后来又出现了十年规划、八年规划，实际上这些规划多半是某个部门为了某个特殊的方面做的规划，但是也都叫做科学规划。这些规划出来之后，从好的方面来说，解决了某些部门单科的问题，但从不好的方面来说，引起思想上很大的混乱。当时有不少人说，一会是十年规划，一会是八年规划，还有七年的规划、五年的规划，这个也做规划，那个也做规划。于是流传一个讥讽性的说法："规划规划，都是空话。"这样，把十二年科学规划都骂成是空洞的、无法实现的规划。这样的讥讽当时在非党员中流传得非常广，大家都在考虑，做出这么多规划，这些规划做了到底有用没用，很担心这些规划真变成空话。

参加广州会议

从1961年到1963年开春，中国知识分子获得一个难得的精神上、政治上的宽松期。

1962年春天在广州召开了两个全国会议，一个全国科学技术工作会议，一个全国话剧、歌剧、儿童剧创作座谈会。因为周恩来在聂荣臻主持的全国科学技术工作会议上讲了话，接着陈毅分别在这两个会议上讲了话，他快人快语，做了那个著名的"脱帽加冕"的讲话。陈毅说："有些人说：'我们跟共产党走了十二年，共产党总是不相信我们，还是把我们当成外人看待。'这样下去怎么行呢？这个问题必须要解决。"他还说："总理也说了，你们是人民的科学家，社会主义的科学家，无产阶级的科学家，是革命的知识分子，应该取消资产阶级知识分子的帽子。今天，我跟你们行'脱帽礼'。"

陈毅说知识分子中有好多已经是工人阶级知识分子，从事的工作是社会主义建设的事业。他说看一个人看了十二年，还看不出他到底是在为无产阶级工作还是在为资产阶级工作，十二年还看不出来一个人，未免水平太差了。他说通过十二年的考验，可以说大多数知识分子是在为无产阶级工作，那他应该是无产阶级的知识分子而不应该说他是资产阶级知识分子，不但要摘帽而且要加冕，就是承认他为无产阶级的知识分子。

这样一个会议，我怎么能够参加呢，就因为前面说过的，当时我还兼着中国科学院矿冶研究所的副所长，周行健是所长，周行健一定要我去，他说他年纪大了，一个人有时候难以考虑得周到，我是作为副所长与周行健所长去的。参加这次会议的学校代表只有中山大学，在广州开会，中山大学就在广州，但是他们具体什么人到会，我没有接触过。

听到陈毅的讲话，参加会议的代表们都非常高兴，但是也意识到这个结论，并不是党内外、全体人民都能够接受的。我就跟周行健谈，我说，会议快结束了，会务组要大家回去认真地把这次会议精神传达给没参加会议的人，我觉得这个任务很难做。

我觉得中南矿冶学院，不会所有人都接受把知识分子定位为无产阶级知识分子，我认为会议传达得有一个版本，一个统一的版本，我跟周行健谈了，周行健也有同感。后来很多人认为这个会议精神应该有一个统一的文件传达，会议结束时，还是形成了一个统一的文件，这个统一的文件传到北京，引起了很多争论，这是后来的情形。

1962年春出席广州会议时的黄培云

在特殊的时代背景下，我就凭这点经历接受了建立粉末冶金学科、培养601所需要人才的任务。

除去培养人的任务外，国防部门把任务一个一个下达给我们。那时还没有成立粉末冶金研究所，任务下达给中南矿冶学院新材料研究室。一至七机部都下达过任务。

第7章 粉末冶金学科建设

学科创设的时代背景

粉末冶金是一个学科，建设这个学科比建校的规模要小得多，但对我来说比建校的工作还亲切。这个学科，我从奠基、培养人才开始，直接参与了它的发展。

先说说什么是粉末冶金吧，粉末冶金又叫做金属陶瓷，把金属像制作陶瓷一样，用低于金属熔点的温度，不经过熔化而把金属粉末通过压型成型和烧结两个主要的程序做成成品。

陶瓷就是这样做的，拿瓷土做成很复杂的形状，再用烧结的方法制成，烧结温度低于其熔点。粉末冶金的制品有很多特点，也可以说有很多优点。比方金刚石很硬，我们现在公认是最硬的，但它很贵。WC-TiC 硬度跟金刚石差不太多，略低一点，然而这种东西很脆，韧性很差，用金属粉末跟 WC-TiC 掺和一起，把这样的东西拿去烧，通常用 Co、Ni 或 Fe 掺进去混合，一般低于金属熔点，刚刚开始有一点熔液。掺 Co 或 Ni 粘结金属，就能把很硬的金属粘结一起，这就叫做硬质合金。如果要硬度高些就少加 Co，可以根据需要来调制。这样出来的硬质合金非常有用。比方说制造齿轮，钢很硬，但是硬质合金比钢硬得多。关于硬质合金的优点特点，这只不过是个例子。硬质合金是机械制造加工不可缺少的东西，已经发展到没有硬质合金就没有机械制造了。

再举个例子：机械加工要用刀具，过去用的刀具是碳钢做的，但碳钢磨损快，后来改进用高速钢做刀具，再后来用硬质合金做刀具。这种硬质合金的成分是碳化钨，湖南有钨矿，藏量很丰富。碳化钨的化学式是 WC，全称为 WolframCarbide，为黑色六方晶体，有金属光泽，硬度与金刚石相近，为电、热的良好导体，熔点 2870℃。碳化钨不溶于水、盐酸和硫酸，易溶于硝酸-氢氟酸的混合酸中。纯的碳化钨易碎，若掺入少量钛、钴等金属，就能减少脆性。用作钢材切割工具的碳化钨，在钨粉中常加入碳化钛、碳化钽或它们的混合物，以提高抗爆能力。这种硬质合金做的刀具要比普通的钢刀强上几十倍甚至是几百倍的切削速度，而且切削得很光滑。

当时世界上很多国家都用硬质合金，最先研制的是德国。在第二次世界大战的时候，德国第一个使用硬质合金的弹头打穿坦克，穿到坦克里头爆炸，像穿豆腐一样地打进坦克。德国第一次在非洲使用它，把英美坦克一炮一个、一炮一个地打坏，从西海岸一直打到接近埃及了。美英拾到了德国没有爆炸的炮弹，进行分析知道了这个秘密，也造硬质合金弹头来打德国坦克，把德国从非洲打退。可以说硬质合金成为战争不可缺少的材料了。

毛主席亲自到苏联争取帮助的时候，斯大林答应帮助中国建 154 个工厂，中国开始工业化还是靠苏联的帮助。毛主席根据中国方面的要求增添到156项，其中就有硬质合金厂，这个硬质合金厂的代号叫601，用代号是为了保密。为什么要保密呢？因为当时厂里有个车间是专门做炮弹用的硬质合金，当时叫三车间。这个厂建立起来以后需要工作人员，而且是急需，当时的操作工人就被派到苏联去接受培训，而培养技术人员的任务就落到了刚建校不久的中南矿冶学院。

硬质合金的技术当时中国没有。解放前，日军侵华的时候，占领东北三省之后，在大连钢厂设立了一个小车间生产硬质合金，只能容纳几十个人，很原始的一个车间，我们后来招的学生还在那里实习过。

601厂从1952年开始建设，国家规定五年建立起来，1957年要求生产，所以第一批技术人员定在1956年毕业，任务就是这么定的。

中南矿冶学院当时属于冶金部管，冶金部就把培养生产硬质合金所需要的人才的任务下达给刚刚成立两年的中南矿冶学院，要求设立粉末冶金专业。

任务下达，谁都不知道粉末冶金是什么，没听说过。中南矿冶学院当时的党委书记、院长唐楠屏问谁知道粉末冶金是怎么一回事？我说我在麻省理工学院学过一门小课，是30学时的粉末冶金选修课，有点概念，知道是怎么回事，但当时并不太重视这门课程。

唐院长说："好极了，你就负责粉末冶金人才培养这个任务。"我推脱说我只知道粉末冶金是怎么回事，只有一般的概念，如果30学时集中讲，两天就讲完了。唐院长说，别人还没有这30学时的经历呢。

创办粉末冶金学科的事就这么定了。回想起来我在MIT上过John Wulf教授的粉末冶金课程，但我确实并没重视。教授在美国是很有名望的，但讲课没什么系统，好像临时想到什么讲什么，前后没有什么关联。而且他喜欢讲自己个人的经历，我当时学习收获并不大。

在特殊的时代背景下，我就凭这点经历接受了建立粉末冶金学科、培养 601 厂所需要人才的任务。

这样，中南矿冶学院创设了我们国家第一个粉末冶金专业，在当时填补了我国高校专业设置中的一项空白。而从那以后，我在学术和专业方面由一般有色金属冶金研究，转向比较集中地研究粉末冶金与粉末冶金材料了，我开始专心一意进行粉末冶金教学与科研工作，我的后半生都用于这一事业了。

粉末冶金人才培养

创办粉末冶金专业，第一批学生从哪里来呢？为了尽快培养出粉末冶金人才，就从冶金系和特冶系的学生中选拔了 25 个人。因为要学习的专业带有军工保密性质，挑选出来的都是所谓在政治上比较靠得住的学生。

回想起来，我们那时候什么都没有，学生、讲课教师、教材跟实验室都没有，真是从零开始。我们首先在冶金系里成立了粉末冶金教研室，我兼任教研室主任，成员还有冶金系主任何福煦教授，他兼任教师，还有助教曹明德。

在第一班中有个学生叫吕海波，他毕业后由一名助教成长为教授、博士生导师，我们在一起工作，还一起参加学术会议和科研鉴定会议等，合作的时间超过半个世纪了。他在和我一起回顾这段历史时，还记得最早粉末冶金专业学生的毕业证书上写的是“中南矿冶学院有色冶金专业硬质合金专门化（四年制）”。

第一个班的毕业生中，绝大部分分配到了株洲 601，吕海波和卢大森留在教研室做助教。1953 年招的第二个班中，林炳毕业后留校，教研室的队伍逐年扩大。而后来 601 厂的厂长、总工程师都是这两个班的学员。

由于我们国家大，一个 601 厂生产的成品数量根本不够用，继而在江西建 603 厂，四川自贡建 764 厂，都是军工保密厂。苏联专家撤走后，中国人自己做厂长和其他管理人员。601 厂原来是 500 吨产量的厂，因为当时苏联专家坚决反对将产量扩大到大于 500 吨。苏联专家走后，产量不断扩大，曾达到 1000 吨、2000 吨、4000 吨。自贡、江西厂都过千吨。中国总的产量已经达到世界最高。

随着粉末冶金工厂的增长，粉末冶金人才的数量需要得就越多，两个班远远不够。1955 年中南矿冶学院正式招收粉末冶金专业生一个班，这个班的学生 1960 年毕业。这是世界上第一个粉末冶金专业的班，苏联当时也只有稀有金属专业及金属学及热处理专业中的粉末冶金专门化，尚未

黄培云与吕海波合影

成立粉冶专业。粉末冶金专业从 1955 年以后每年都招一个班，没断。王零森就是 1960 年于中南矿冶学院冶金系粉末冶金专业毕业后留校任教的，他长期从事粉末冶金新材料，先进陶瓷、陶瓷基复合材料和超微纳米粉体制备等的教学和科学研究工作，研究成果已应用于原子能反应堆、反坦克导弹、核潜艇上。他 1996 年起任博士生导师。

60 年代初我培养了第一批粉末冶金专业的研究生，当时尚未实行学位制。第一批研究生中，我指导的有 3 人毕业：杨守植、曾德麟、张季平（女）。他们 1964 年入学，1966 年毕业。1965 年我指导研究生刘玉益进行粉末活化烧结规律研究。因为“文革”，研究生培养工作中断。直到 1978 年，又开始招收研究生，他们是陈振华、贺安安、杨斌、阮建明。1979 年招收了吴和元、王庆兴、谭爱纯（女），再往后，又招收了李旭、卢伟

1983年，黄培云（左三）的第一届研究生、宜昌市科委主任杨守植（左一）招待老师参观并与老师合影留念，右一为王零森

民、张玉华、曲选辉、姚萱、易丹青、陈康华等人。80 年代，我培养了这个专业的第一批博士生。直到进入 21 世纪后，我还培养了黄可龙、杨兵初、高英俊、肖平安、严红革、陈鼎等学生。在这个过程中，我先后给学生上过硬质合金、粉末冶金原理等课程。

杨守植是第一批研究生之一，他当时就粉末震动烧结问题进行了研究，后来当了湖北省宜昌市科委主任。曾德麟在我的指导下，就“粉末压型理论”中的水静压制规律进行了研究。

进入 80 年代，贺安安进行了“模压时模壁摩擦的影响的研究”“压型理论中的力学松弛”的研究，并取得博士学位。

李旭专题研究粉末压制理论在热压中的应用，发表了论文《热压方程的研究——铁粉热压实验验证》，获硕士学位。

黄培云与研究生在一起。自左陈振华、阮建明、黄培云、贺安安、杨斌

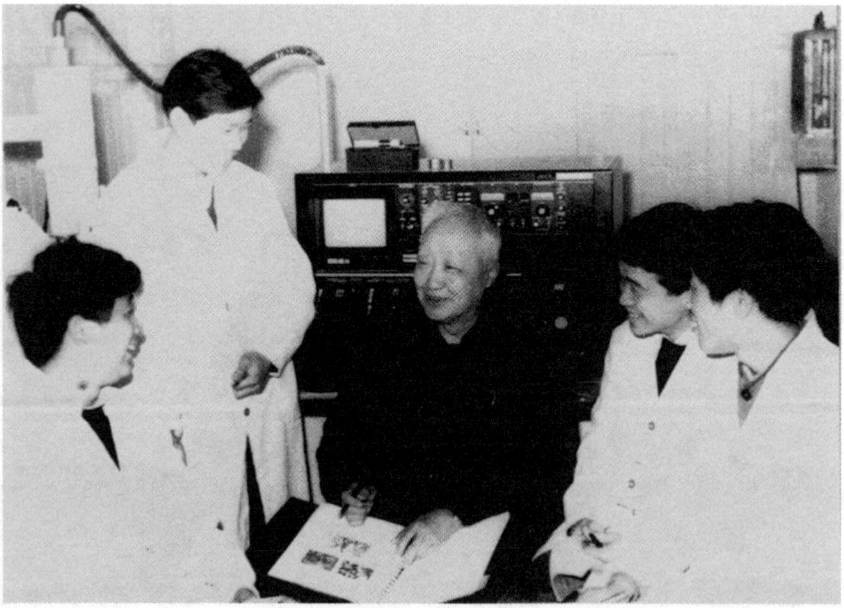

1986年，陈振华博士论文答辩现场

还有许多研究生和博士生，他们都在自己选定的学术方向上勤奋努力，也取得了很多成绩。

我主编的教材《粉末冶金原理》获得有色金属工业总公司优秀教材一等奖（1986 年）和国家教委颁发的全国高等学校优秀教材奖（1987 年）。几十年来，这个专业为我国粉末冶金行业培养了大批人才，其中有一些成为了我国粉末冶金领域的骨干力量，发挥着学术带头人的作用，我在这里举几个例子。

陈振华 1986 年获博士学位，是我国自行培养的第一个粉末冶金学博士。他在研究生阶段，发表有一定影响的论文 6 篇，这些论文均被《美国金属文摘》《化学文摘》转摘，并被 1988 年世界粉末冶金会议接受，在大会上宣读。博士毕业后留校任教，他和课题组的同志们研究快速凝固、准晶粉末制取、制备大块准晶合金等项目，达到了国际先进水平。陈振华被国务院学位委员会和国家教委联合授予了“在社会主义建设中做出了突出贡献的中国博士”荣誉称号。1988年被中南工业大学破格提拔为研究员，1993年被国务院学位委员会评为博士生导师。他于1994年创建非平衡材料科学与工程研究所。2000年9月，他被湖南大学引进，负责组建材料科学与工程学院，担任院长。

曲选辉比较年轻，学术思想活跃，善于开拓创新。1981年粉末冶金专业毕业后，1984年获硕士学位，1986年至1988年由国家教委选派留学加拿大英属哥伦比亚大学（UBC），1992年获中南工业大学博士学位。他在粉末冶金领域中取得了多项具有国际先进水平的成果。现在他担任北京科技大学材料科学与工程学院院长，是“长江学者”特聘教授。

黄培云与曲选辉合影

国家任务推动学科发展

除去培养人的任务外，国防部门把任务一个一个下达给我们。那时还没有成立粉末冶金研究所，任务下达给中南矿冶学院新材料研究室。一至七机部都下达过任务。比如：一机部要切削材料；二机部搞原子能，我们曾成功地为制作原子弹分离铀 235 和 238 的分离薄膜做了研究；三机部搞航空，制造飞机，我们也接受了相关任务；四机部兵器，主要搞炮弹；五机部海军，六机部电子，七机部航天，都下达不同的任务给我们，要求我们研制各种材料。为了安全为了保密，新材料研究室要湖南省派兵护守，“文革”十年新材料研究室的研究工作也没停过。

任务不断扩大，越来越觉得实验室不够用，研究从冶金楼地下室搬到特冶楼一、二楼。借用的一些房还不够，最后在 1980 年建好新楼搬出来，新材料研究室同时改名为粉末冶金研究所。

特冶楼(新材料研究室开始设在这里)

1980年建成的粉末冶金研究所

1985 年，中南矿冶学院改名为中南工业大学。1988 年，经国家教委和国家计委专家组联合评审，确认以研究所为基础成立我国第一个粉末冶金国家重点实验室。不久国家教委聘任黄伯云教授为国家实验室主任，聘我为学术委员会主任。为了促进科研成果较快转化为生产力，国家计委决定成立一批工程研究中心，1993 年上半年，研究所又通过了国家级粉末冶金工程研究中心专家组及世界银行专家组评审，成为我国首批高校国家级工程研究中心之一。

研究所还拥有全国有色金属产品质量监督检测中心，同时也是我国首批 100 家科研院所享有科技产品对外经营权的单位之一。经过几十个春秋的艰苦创业，研究所被外界誉为“粉末冶金宝库”，世界几种著名粉末冶金刊物都载文进行了介绍。

多年来，研究所同仁共完成国家重点科研项目数百项，获得省部级以上奖励数十项，其中好几项获得国家级重大奖励，为我国原子弹、导弹、

我国第一个粉末冶金国家重点实验室

卫星、雷达等的发展做出了重大贡献。为此，粉末冶金研究所分别于1980年和1982年两次受到中共中央、国务院和中央军委的联合嘉奖。1985年，国防科工委、国家计委、国家经委、国家科委联合授予研究所“国防军工成绩显著先进单位”称号。1990年又被评为“全国高等学校科技工作先进集体”，我也于国庆39周年之际获得了国防科工委颁发的“献身国防科技事业荣誉证章”。

粉末冶金除军用外，后来发现民用比军用需要的多得多。最初的时候，我们以为培养两个班的学生已经完成任务了。没想到实际需要越来越大，机械的主要工业刀具，甚至造砖模具，喷沙和喷水龙头，一些机械制造用的标尺量具等等，都存在耐磨问题。这些东西要么消耗量很大，磨损快，要么压力大速度快，也很快磨损，都必须用硬质合金。由于国家发展对粉末冶金人才的需要越来越多，在中南矿冶学院之外，很多别的学校，也设立粉末冶金专业开始培养人，比如东北工学院等。

“文革”之后，我和学生们合作扩大了研究领域。与吕海波合作开展了粉末压制和粉末动压成型的应变行为研究，与曾德麟合作开展了水静压制研究，还与杨守植等人合作开展了粉末振动热压研究。此外，我与金展鹏等人合作开展了难熔化合物（碳化物、氧化物）系统的相图计算和非平衡材料研究工作，与陈振华合作开展了快速凝固、超微粉末、喷射沉淀等研究。与贺安安、曾科军、陈康华等人也合作开展了大量的研究工作。

在合金设计、相图计算和快速凝固及其合金材料两个领域，我们取得了一些比较重要的进展。在合金设计和相图计算方面，我们组建了研究室的研究工作，在合金相图计算方面培养硕士和博士研究生。在理论研究方面，我们提出了非规则溶液活度系数的计算模型、二元参数计算三元系相图的方法和模型，在国内外著名杂志上发表了很多篇论文。在美国陶瓷学

1995年，粉末冶金国家重点实验室验收会，师昌绪院士(中)出席

会会志上发表一系列文章后，美国陶瓷学会会志的论文评阅人认为我们的研究成果推动了 ZrO_2 基三元相图的测定工作。许多国外学者纷纷要求跟踪此项研究，开展 ZrO_2 基相平衡的研究工作。瑞典科学院希拉德（M. Hillert）院士曾两次到研究所了解有关科研进展情况，并不时派助手到长沙联系工作。他还在瑞典为我们学校培养教师，比如金展鹏等人。

在快速冷凝及其合金材料研究方面，粉末冶金研究所组建了快速冷凝和超微粉末研究室。我们认为现有的快速冷凝制粉技术都存在一定局限性，出国考察了美国 MIT 的超声雾化技术、普拉特惠尼公司的旋转圆盘雾化技术和英国上喷法制粉技术后，我和陈振华等人一起论证和研究，提出多级快速凝固制取非晶、准晶、微晶和微细金属粉末的理论和技术。这项理论和技术的产生使得国内外金属材料和粉末快速冷凝装置能够大规模制备上百种非晶、准晶、微晶和细微金属粉末。这项理论和技术被评为 1990 年度湖南省 10 大科学成果之一，1991 年，其理论研究获得国家教委科学进步奖二等奖。采用这些装置制备固体火箭推进剂用微细铝粉的研究获

黄培云与瑞典科学院希拉德（M. Hillert）院士在岳麓山上交流

中南大学粉末冶金研究院

中国有色金属工业总公司科学技术进步奖二等奖。

2000 年 4 月，中南工业大学与湖南医科大学、长沙铁道学院合并组建成中南大学。中南大学粉末冶金研究院是我国粉末冶金领域（专业）教学、科研与新产品试制开发三结合的学科综合基地。设有粉体材料科学与工程、材料化学两个本科专业，办有国家重点学科材料学、材料物理与化学，拥有材料学、材料物理与化学、粉体材料科学与工程、材料摩擦学、生物材料学等 5 个硕士点和博士点，建有材料科学与工程博士后科研流动站。研究院以国家粉末冶金工程研究中心为“孵化器”进行高新技术的产业转化，在国际上的影响日益加强。

附 1

粉末冶金实验室的建设及学科理论发展（吕海波[①]）

受访人：吕海波

访谈时间：2009 年 3 月 15 日，7 月 26 日

访谈地点：中南大学校本部吕海波家中

1952 年，我们 25 个学生被挑选进入到硬质合金专门化的第一班。因为当时政治运动比较多，有两个同学没有读完就中途退学了。剩下 23 个人，又有一个同学因为学得很困难就留了一级进入 1953 年的第二班学习，所以我们这第一个班到最后只剩下 22 个人了。

我们 1952 年被挑选到第一个班后就上基础课，大概到 1955 年的上半年才开始上专业课。当时专业主要是两门，一门是粉末冶金，一门是硬质合金生产，我们学的专业课是与将来从事的专业密切相关的，而其他的课都是基础课和专业基础。也就是说，我们这个硬质合金专门化班的学生要比其他专业的学生多学许多课程。既要学习冶金系的普通基础课程，像物理、化学、数学、普通物理、分析化学等，还要学习材料学专业的基础课程，像金属学，学习金属的性能、材料的性能、合金的性能等。

一、二年级学的全部是冶金专业的课，在三年级上学期学材料专业的课，最后一年多的时间就逐渐学习粉末冶金课程。粉末冶金，现在叫粉末冶金学，由当时的系主任何福煦授课。另一门叫做硬质合金生产，由黄培云副院长授课。

① 吕海波（1931—），中南大学教授，博士生导师。

当时没有自己的教材，何福煦教授讲粉末冶金课程，就用1949年美国人出版的《粉末冶金学》作为教材，有厚厚的三大本，不是全部照讲，但主要是用这个作为教材。

而黄培云副院长用莫斯科黄金学院出版的一本《硬质合金生产》作为教材，是全俄文的，这个确实是难为了黄院长。他那个时候刚学俄文不久，属于突击性的学习，就是集中几周时间上补习课，每天上几个小时，把俄文基本的语法、基本的拼音粗略地学习了一下，就开始自己看俄文的书。

黄院长为我们讲这个课是下了很大功夫的，要克服三重障碍。首先是只有俄文教材，他必须自己把教材翻译出来，要把俄文教材翻译成中文。第二是他对于硬质合金生产过程并没有实际的经验。再次是作为副院长他的日常行政工作很多，他只能利用晚上和业余的时间来备课，后来听说，他经常加晚班写讲义。

我还比较清晰地记得当时上课的情景，这情景说明当时专业课的开出是克服了很多困难，而且是一点点完善的：我们上课的时候，教室很小，坐在前排的同学可以看见老师的备课本。那时的一堂课是50分钟，黄院长通常一堂课讲45分钟，剩下5分钟我们提问。而我们提问时，发现他备课本上已经没有新的东西了，坐在前排的同学能够看到他翻到有文字的最后一页，后面就是空白页了。也就是说，他既要翻译又要备课还要处理行政，没有时间准备充足后再来给我们上课。当时就是这样的情况，任务很紧急，老师们自己也是在边教边学。

接下来我来谈谈粉末冶金实验室的建设。建设实验室，首先需要设备。我们1954年下半年进实验室就发现主要设备已经到位了。一台德国产的油压机，一台德国产的碳管炉，就是由碳管发热的高温炉，这个炉子温度可以达到1800 ℃到2000 ℃。那个油压机是50吨机，后来又买了个

100 吨的油压机。还有一台高频烧结炉是苏联产的。我进实验室的时候那些设备刚装起来，我还和黄院长一起调试这些设备，调试了一段时间。

黄培云在实验室指导研究工作

记得开始建立实验室时黄院长提出要三样东西：高频炉、压力机、碳管炉。当需要氢气时自己用电解水的方法取得，后来又需要钼丝炉，没有钼丝炉就自己亲自动手做，由于钼丝很硬，缠钼丝时手都划破了。

当时实验室人很少，只有三个人：一个曹明德，是助教，还有两个实验员，一个姓梁的，一个姓曾的。本来有一个讲师是天津大学的研究生，当时他被抽到苏联去进修了。

这几个设备对于粉末冶金学科来说是有针对性的，因为制作粉末冶金需要一定的烧结温度，譬如要做碳化物体，烧结温度一定要到 1700 ℃ ~ 1800 ℃，这样温度才够。烧普通的合金到摄氏 1300 度就够了，普通的炉子烧粉末冶金是不行的，而之前中南矿冶学院是没有这个炉子的。这个德国莱比锡的油压机，刻度比较精细，所以测压力比较精确，不像普通的油压机看不准确。这两个设备，很明显是针对粉末冶金研究的开展而购买的。在实验室建设这方面，主要是黄院长在起决策作用，因为他主管教学和科研，自己又一直在一线授课，他真正懂得教学的需要。

培养专业人才是一个长期的过程，中南矿冶学院开设粉末冶金专业是为了国家建设的需要，先经历突击培养阶段，再逐步实现常规培养。我们 1956 年毕业的这 22 个人毕业分配的情况是这样的：2 人留校，17 人去了株洲的 601 厂，2 人去了北京，1 人去了上海。硬质合金专门化第二班在 1957 年有 29 个人毕业，这两批毕业生就基本解决了当时国家对粉末冶金人才的急需，具体说，解了株洲硬质合金厂的燃眉之急。后来这两批人有不少参与到我国其他地区有色金属工业的建设中去，还有一些去了研究院。而这两批人中，有七名被留校担任助教，充实师资队伍。除我之外的六人是：卢大森、黄声洪、林炳、魏明康、欧阳云彪、林彩东。

粉末冶金专业 1954、1955 年两年没有招生，直到 1956 年才开始常规招生，我们作为老师参与迎新。1958、1959 年两年没有学生毕业，1960 年开始每年有学生毕业，这样，粉末冶金专业就逐渐发展起来了。

中南矿冶学院建立后，在教学思想、教学措施等方面都是学习苏联经验的。从 1954 年开始，陆续有苏联专家到学院来指导教学。1958 年办了一个粉末冶金专业的研究生班，学生除了来自中南矿冶学院的林炳他们之外，还有来自西安交大、上海交大、北京钢铁学院、东北工学院等学校的相关人员，我们几个助教随堂听课。先是苏联莫斯科黄金学院的专家基巴里索夫为我们讲课，他带了一套粉末冶金技术的教材。

当时的研究生培养计划，都是黄院长等人与苏联专家一起制订的。重点是要为粉末冶金专业培养师资。苏联专家来了之后，专业课就都是由苏联专家来讲了。基巴里索夫讲粉末冶金原理，讲了大概 120 个小时。第二个专家基思连科夫 1959 年来的，他讲粉末冶金实验、粉末冶金课程设计、粉末冶金实验课。这样，我们就接受了比较完整的苏联模式的培养。

中南矿冶学院五十年代的实验记录本

我们那时的学生必须经过这样几个环节才能毕业：第一，你要学专业课。第二，你必须要参加生产实习、毕业实习。第三，要做毕业设计或者是毕业论文。最后，要通过毕业论文答辩。要经过这样完整的过程。

黄声洪、林炳、魏明康、欧阳云彪他们从这个研究生班毕业后充实到粉末冶金教研室里，加上之前留下的我和卢大森，还有从苏联学习回来的赵维澄，再加上一个徐润泽，他从冶金系被抽调到研究生班当翻译，翻译过程中也跟苏联专家学了很多东西，所以也留下来做教师了，至此，教研室有八个年轻人了。

1960年中苏关系破裂，7月，苏联政府片面撕毁了同我国签订的600个合同。苏联政府片面决定，9月1日前要撤走全部在华的1000多名专家，并停止供应我国建设急需的重要设备，大量减少成套设备和各种设备中关键部件的供应。这些专家撤走时，带走了全部图纸、样品、计划和资料，给我们国家的经济建设造成了重大损失，加重了我国的经济困难，也使我们国家的原子弹研究进程被迫推延。我们的国家领导人也就下决心要依靠自己的力量研制原子弹和导弹，而研制部分相关材料的任务就落到了中南矿冶学院。

我们接到的任务先是研制同位素多孔分离膜，这是浓缩铀需要的，也是绝对保密的任务。当时学院的院长兼党委书记唐楠屏负责抓这件事，他就从当时的粉末冶金教研室里抽调了一些老师和学生开始进行这个任务。

从1959年至1961年的“三年困难时期”，我们开始进行同位素多孔分离膜的研制工作时，什么东西都没有，特别困难。但因为这个项目的重要性，唐院长全力支持大家工作，学院有的东西，项目组只要需要，都优先提供。

在当时的政治气氛下，要接纳像黄培云副院长这样从国外留学回来，又有海外关系的人参与国防军工材料的研制，是需要特殊的识见和魄力的。唐楠屏院长真是了不起，他说，黄院长是由于爱国而回国的，而且表现一直很好，应该在学术上发挥每个人的长处。这样，黄院长就以学术顾问的身份参与其中了。

到了1960年下半年，唐楠屏院长提出建立新材料研究室，以适应军工任务的需要。虽然说只是一个新材料研究室，但建立起来是很不容易的，要从全校各系抽调人员，房子要调整，人财物要到位。新材料研究室的创办，是因为国家的需要，许多人都发挥了各自的作用，但唐楠屏院长所起的作用是最大的，他解决了许多具体的问题，可以这样说，没有唐楠屏院长就没有新材料研究室，也就没有后来一系列的发展。这是客观事实，我作为这段历史的见证人之一，必须要指出这点。

而从接到这项任务开始，黄培云副院长就在技术和学术上发挥着重要的作用。1960 年下半年，具体时间我记不清楚了，黄院长给我们做了专题报告《多孔膜分离同位素的理论问题》。

我当时做了听课笔记，一直保存到现在，他在报告中指出："多孔膜是气体扩散方法分离同位素的重要工具之一，美国最早在原子能的报告中曾发表过，美国原子能工程中的同位素分离工厂规模很庞大……"中间有很多计算，属于国防机密，只在内部讲了，这个报告一直到现在都没有公开发表过。虽然这个报告没有解决怎么做的问题，但提出了影响因素，从理论层面分析了可能性，而当时参与这个项目的人多数都没有什么实际经验，没有接触过这个理论，他的这个专题报告可以算是对大家的启蒙。

这个项目处于绝密的情况下，据下达任务给我们的人说，当时处于战争大环境下，1954 年，美蒋签订了《共同防御协定》，宣布不承认中国政府的存在，美军长期进驻台湾。1955 年，美国通过《授权总统在台湾海峡使用武装部队的紧急决议》，即《福摩萨决议案》。美国参谋长联席会议命令战略空军指挥部"以紧急情况为基础"，开始为大规模使用核武器攻击中国大陆选定目标，对中国搞核讹诈。1956 年，苏共二十大否定斯大林，中苏分歧开始。所以中国必须自己研制出原子弹，而在日内瓦会议上美国人就说了，谁能拿出分离膜谁才能解决原子弹的问题，拿不出就不可能解决。

绝密到什么程度呢，我们做出一些样品送到北京去，开始都不准坐火车，怕路上出事，要求乘飞机去，而当时飞机是极少的。再后来可以坐火车了，但手续特别严格，要国防科工办开具介绍信，送到铁路上，铁路部门专门准备一个软卧包厢，隔壁都是专门的警卫。

当时的条件确实艰苦，经常停电，一停电，大家就坐在实验室里等电来。在冬天晚上加班也没火烤，非常冷。而且在困难时期，每月的口粮总在减少，开始是 28 斤，后来 26 斤、24 斤，对年轻人而言，根本不够吃。但不管是什么外在的原因，大家干活的状态一点没改变。后来，根据上级指示，该项任务集中到北京钢铁研究总院，林炳老师等人都到那边继续研究，做完项目才回到长沙。但新材料研究室的同仁们进行的大量理论计算

《烧结基本理论研究》研究报告封面（1961年）

和实验为这项研究的最终完成并获得国家科技进步一等奖奠定了基础。

新材料研究室成立后，黄培云副院长在粉末冶金学科发展方面做了一系列的工作。

在粉末冶金过程中，成型和烧结是其中的两道主要工序，因此也是各国学者主要研究攻克的对象。几十年间，许多学者对把烧结过程看做是扩散机制还是流动机制在起作用一直各抒己见。黄院长自 1958 年开始研究烧结理论，在 1961 年 10 月的沈阳金属物理学术会议上发表《烧结基本理论研究》的第一部分“综合作用理论”。1962 年 11 月，又发表了第二部分“温度对烧结过程的影响”。总结和回顾了关于烧结机构的各种学派的论点和争论后，提出烧结式扩散、流动及物理化学反应（蒸发凝聚、溶解沉淀、相变、活化、结晶、再结晶、化学反应）等综合作用的观点，并由扩散、流动、物理化学反应这三个基本过程引起烧结物质浓度的变化的数理方程，建立了综合烧结理论方程，得出密度变化的双对数值与烧结温度的倒数呈线性关系。在理论提出后，我做了部分的实验工作，记得钴的烧结做得很好。当时记录的原始实验数据我现在还保留着，后来这个烧结理论编到我们的教材里了。

这个理论现已被国内外学者提供的烧结数据所验证。综合烧结作用的理论方程式不仅能适用于一般冷压成形烧结，而且能适用于松装烧结、热压烧结与活化烧结，这一理论得到国内外学者的广泛承认和验证，成为国际上有一定学术地位和影响力的烧结理论之一。

粉末压制成型（简称压型）是粉末冶金中仅次于烧结的一个主要工序。粉末因压缩而发生的变形涉及松散介质变形、弹塑体的流变行为等一系列错综复杂的力学问题。这些问题在力学领域中也属于未能圆满解决的问题。随着粉末冶金技术的发展，各国学者们为这一问题的解决进行了长期艰苦的努力。自从 1923 年国外学者汪克尔（Walker）根据实验，首次提出了粉末体的相对体积与压制力的对数呈线性关系，并总结出一个经验公式以来，几十年间，世界各国粉末冶金专家提出了压制理论 100 多种，主要学派有 20 多家。但都不能反映从软的锡粉、铜粉到硬的碳化钨粉的成型范围，这是由于多数理论都把粉体作为弹性体处理，未考虑到粉末压制过程中的加工硬化和变形的弛豫过程，有的则未考虑粉末之间的磨擦，而且多数理论忽略了压制的时间问题，因而难以对压制过程作出正确的定性分析和准确的定量分析。

早在 1960 年，黄院长就提出了粉末压制变形充分弛豫和未充分弛豫的观点。“弛豫”是描述物质系统变化状况的词。如物质系统内部温度由不一致趋于一致，是一个弛豫过程。并建立了粉体变形的非线性粘弹模型（一个高等数学公式），在此基础上推导出粉末压制的双对数方程式。

证明这一方程式的适用性及其准确性，需要通过实践验证。实验需要

黄培云《非线性粉体的数学模型问题》论文手稿

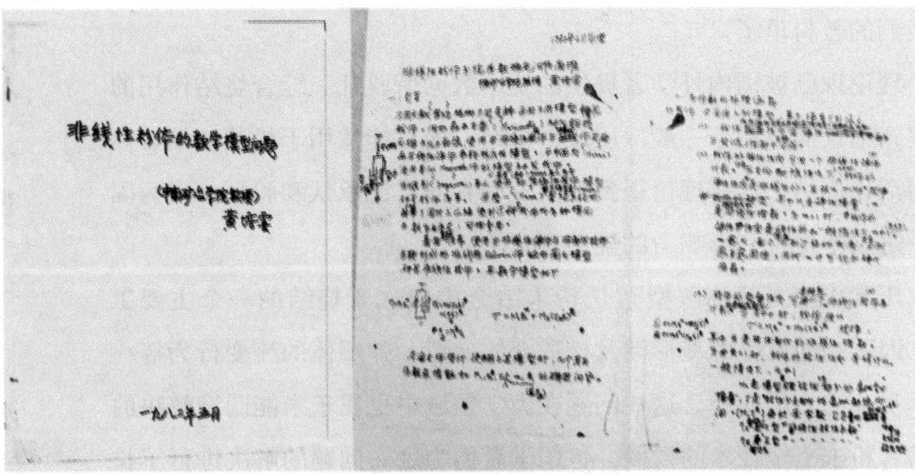

设备，而某些设备要靠自己设计制作。在黄院长的学术思想指导下，他的研究生曾德麟克服了很多困难，设计出水静压成型实验装置，于 1964 年完成《水静压制规律的研究》硕士论文，初步证明了“双对数方程式”的精确性。

1964 年，黄院长对粉末压型问题进行了研究之后，考虑了粉末体的非线性弹滞的特征与压型时应变大幅度变化这些事实，根据理论推导和实验验证，提出了一种新的压型理论和双对数压制方程式的数学模型。他认为，前人关于标准线性固体的概念尽管已广泛应用于金属内耗的研究中，但不适用于粉末体的压制研究。

根据我的记录，最早听到黄院长讲粉末压型理论是在 1964 年 6 月 16 日晚，他给我们讲《粉末压型问题》，主要讲了四部分：弛豫硬化与大变形对压型的影响、充分弛豫情况下的粉末压型、未充分弛豫情况下的粉末压型、振动压型。其中，第一部分他又讲了三点：粉末压型理论的概况、弛豫硬化的粉末压型公式、大变形的处理方法。

1960年代前期，黄培云作粉末压型理论研究报告

也就是从这时起，我开始了冷动压、热动压成型的实验。这种实验乍看起来，似乎很简单，用 5 千克~10

千克的重锤，从一定的高度坠落下来，冲击模套，将粉末冲压成坯块。但在当时，没有计算机，连计算器也没有，完全靠七位对数表人工计算，我还保存着当时的一些演算稿纸，说得上一捆一捆的，这些数据也证明压型理论同样可以准确描述动压过程。

1977—1979 年间，我又对锡、铜、铁、镍、钼等不同硬度的粉末，进行不同速度、不同压力的系统实验。

1980 年，黄院长对双对数压制理论作了补充和完善，使这一理论不仅适用于等静压制，也适用于一般单向压制。同年，《粉末冶金压型问题》出了单行本。

我保留了 1980 年 6 月 9 日他在粉冶所 301 房做报告的记录，报告的题目是《有关粉末压型理论工作》。当时他先说了指导思想，在这部分里，他提出研究粉末压型要自觉地运用唯物辩证法来进行研究。然后他介绍了自己所看的不同国家的很多文献，并对文献进行了辩证的分析。这次报告是在"文革"之后，经过十几年，他对自己在 60 年代提出的压型理论不仅进行了新的发展，还进行了哲学上的思考。

黄院长是国际上最早采用粉末流变学理论研究粉末压制的学者之一。他提出的"体应变推迟""应力松弛""粉末变形弛豫"以及粉末的非线性流动模型等一系列新概念和新理论，对粉末冶金学科理论的发展具有重要贡献。他提出的动压理论在运用于大块准晶和非金属固结研究方面取得了成果，特别是采用粉末冶金方法制造出大块准晶材料在世界上尚属首次。80 年代，黄院长还多次去瑞典、联邦德国、英国、西班牙、美国等国家进行访问和讲学，其中有一些访问我也一同去了。

我把这些回忆出来之后，粉末冶金实验室建设及学科发展的框架也就比较清晰了。这个学科，黄院长是主要的奠基人，国家建设需要设立这个学科时，历史任务落到了他的身上，因为当时学校其他教师没有接触过粉末冶金，只有他在麻省留学时接触过。他接下这个重任之后，在规划布局时，先是抽调学生组成专门的班，突击培养以解决 601 厂对人才的急需，然后培养师资与建设实验室同步进行，在苏联专家的帮助下进行人才的规范化培养和实验室的建设。当有了师资与设备的基础，就开始常规招生，进行粉末冶金学科人才的大批量培养，同时，开展理论研究。当然，这些情况在当时是一步步走过来的，也是摸着石头过河，很多经验和教训都是一边实践一边总结的。只是我作为硬质合金专门化第一个班的学生，确实亲历了粉末冶金学科的建设过程。

附 2

粉末冶金的学习与科研（林炳[①]）

受访人：林炳

访谈时间：2008年10月17日，11月1日，11月21日

访谈地点：中南大学校本部林炳家中

（一）硬质合金专门化第二个班的情况

黄院长治学很严谨，特别是对我们当时那两个班，对我们学习硬质合金专门化的学生的培养说得上是呕心沥血。

我是学校开设硬质合金专门化第二个班的学生，吕海波老师是第一个班的学生，他是1956年毕业的，我们是1957年毕业的。

我们那时都是从不同的班中选调进入硬质合金专门化这个班的，记得1955年我那个年级有八个班，学生中成绩比较好的二十几个人被选出来组合成一个合金班，当时阶级斗争的状况没有之前和之后那么严重，只是因为成绩好就把我们选出来了。硬质合金专门化第二个班的班长是黄声洪，现在他已经调到广东去了。我们班上同学什么家庭成分的都有，富农出身的也有，而我是从越南回国的。

吕海波老师毕业后留下来就当助教，当时也派了徐润泽老师去进修俄文，准备请一批苏联专家来，当时整体的工作是黄院长统筹安排的。

那时候苏联帮我国在湖南株洲建硬质合金厂，代号为601厂，建成后很需要会使用的人，所以我们这两个班的学生毕业后的去向是部分留校，

① 林炳（1935—），中南大学教授，博士生导师。

大部分分配到株洲601厂、长沙有色金属设计院、自贡764厂、机电部电器科学研究所、大连硬质合金厂、长沙矿冶研究院、上海灯泡厂等研究与生产部门。

当时功课很紧张，黄培云院长给我们讲硬质合金课，陈新民院长上X光的课，马恒儒教授讲金属学，何福煦教授也给我们上过课。他们都是从美国留学回国任教的学者，当时没有教材，黄院长讲课，大家在下面做笔记。同学们也看英文版的《粉末冶金原理》。一个星期上六天半的课，只有礼拜天下午才有半天休息，我们都把这半天休息开玩笑说成“放风”，学习很辛苦。

黄培云在电镜实验室与青年教师徐润泽(右)和学生林炳(左)讨论工作

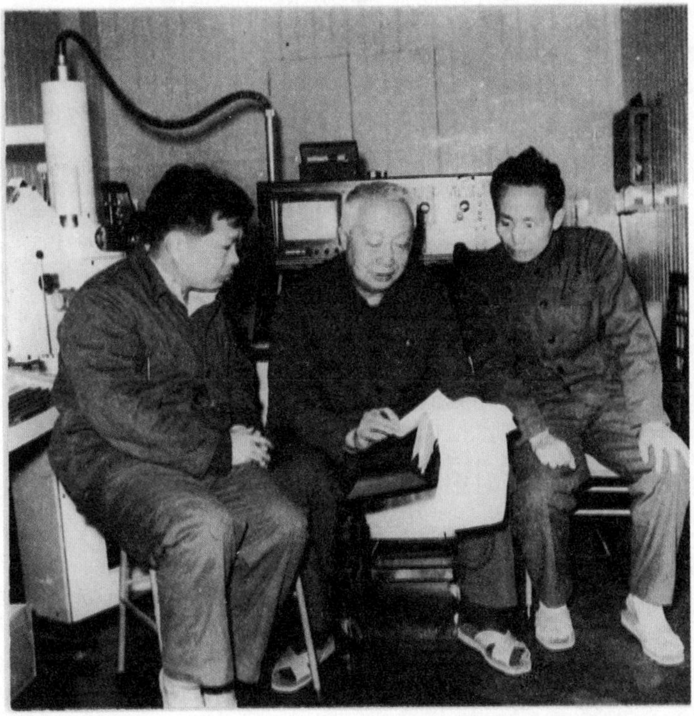

（二）1958年进入研究生班系统学习粉末冶金

系统学习粉末冶金是在1958年苏联专家来了之后。

我们毕业时成绩好的被留校，第一个班留下来的有吕海波和卢大森，第二个班留下来的有我和欧阳云彪、黄声洪等六七个人。我们毕业以后先是当助教，然后到1958年被抽调过来读研究生班。苏联专家来了之后开办了一个研究生班，二十几个学生，是由西安交大、上海交大、北京钢铁学院、东北工学院等六七个学校的相关人员组织在一起的，共同接受培养。当时我和欧阳云彪、黄声洪、林彩东等被作为研究生班里重点培养的几个对象。

就这样，粉末冶金学科在黄院长主持下被不断推动，中国粉末冶金学科就是在中南矿冶学院开始发展的。

第一个苏联专家基巴里索夫是1958年来的，他来讲粉末冶金原理，当时我们学习用的粉末冶金教材就是他写的，我们复制过来，由徐润泽、李金鹏老师等人翻译。当时我们中学是学英文的，才刚刚学习俄文不久，听苏联专家用俄文讲课听力跟不上，所以后面都是由徐润泽教授等人翻译。前后来了两个苏联专家，每个苏联专家只来援助教学一年。我们与苏联专家打交道，对他们的感觉是不错的，他们工作态度认真，对学生很友好。还记得每次到苏联专家的住所向他们请教问题，他们总是给我们学生糖果吃，他们说，吃糖果可以补充能量。

当时中苏关系已经有矛盾了，但我们还不知道，1959年基巴里索夫离开时我们还是很热情地送他。我跟黄院长他们一道送基巴里索夫到了机场。登机前基巴里索夫把他的相机送给翻译李金鹏，后来“文革”期间却成为了李金鹏的罪状之一。

1959年第二个专家基思连科夫就是来指导我们写论文。当时中国研究生培养系统还不健全，但是黄院长坚持研究生班作为一种培养方式，学生毕业前应该要通过科学实验研究写出论文和答辩。他还总是鼓励我们，要我们不要墨守成规。我们这个班中间被重点培养的几个都被要求做论文，但是外面学校来的同学就没有这个任务。

我还记得研究生班结业前，当时在冶金馆三楼，是黄院长亲自主持我的论文答辩，答辩会来了好多人，我的指导老师是基思连科夫。

我的论文题目是《铁镍代钴的研究》。在硬质合金的研究过程中，过去钴都是靠国外进口的，我们自己钨的储量丰富，却没有钴可以配套。所以黄院长要我研究“铁镍代钴”，这个课题德国也研究过，他把德国的研究资料让我看。我在苏联专家的指导下进行这个课题的研究，我的论文研究出一个结果，但是那个结果比较脆，还达不到钴的性能。论文出来后苏联专家回国了，后来也没有经费了，这项研究就搁浅了，没有继续下去。因为当时条件也不具备，没有电子探针，缺很多实验设备，无法做到深入研究。

（三）进行“钽铌分离”的研究

通过黄院长的支持和我们自己的努力，等到苏联专家回国之后，黄院长指导我和另外一个同学欧阳云彪来进行钽铌分离的研究。

那时候我们真是全力以赴，我既当实验室主任又是学生，功课非常紧张，谈恋爱都没有时间。我们觉得，黄院长从海外回来一直非常辛苦，我们没有理由不认真学习，不遵从他的教导。

1957 年政治氛围已经不太宽松，陈新民先生发表了几个言论就被打成了一个大右派，而我们这些学习一直很好的学生对政治是不太关心的，上午叫我们参与批斗右派，我们都不开口，下午我们就去游泳去了。黄院长没被戴上右派的帽子，他认为我们最重要的是要把国家建设起来，他和我们一样，全力以赴投入到科学实验研究中去。

黄院长指导我们做钽铌分离科研项目，钽铌作为稀有金属中的两种性质非常接近的元素，在自然界中经常共生。不但分离困难，而且通常在用分光光度法测定时由于它们的最大吸收波长接近而导致相互干扰。他指导我和欧阳云彪利用“稀冶”（稀有金属冶金的简称）的实验室，把钽铌从钽铌矿里分离出来添加到钢里面去，做成“钢王”。大概是 1960 年苏联专家走了以后，我们开始研究这个项目，我们分离出光谱纯的钽铌氧化物。

后来由我执笔，把研究结果写成文章，被作为绝密材料封存起来，后来好像是提供给北京钢铁研究院了。

我们是国内最早进行钽铌分离研究的。在黄院长指导下，具体干活的人是我和欧阳云彪，也就是在进行这项研究的时候欧阳云彪得了胃癌。他是湖南宁远人，学习成绩相当好，但对生活细节不太注意。他很聪明学得很好，苏联专家走后，粉末冶金原理就由他来主讲，我毕业后担任实验室主任，除了上课我们就把精力全放到实验室里去了，那时我们真的是拼死拼活地干，一边做试验一边吃馒头。他做实验很累很饿了，没洗手就抓馒头吃，我说云彪你要洗手呀，他说没有事，可能是手接触了矿物质，而矿物质影响到他的胃。1966 年 4 月份，欧阳云彪因胃癌去世。后来我想，为什么我没事，可能跟我的生活习惯有关系，我做完实验不管多累都要洗手甚至是洗澡后才吃东西。

冶金馆也就是现在的冶金楼，大概是 1953 年建成，是当时冶金系的学科馆，当时实验室在一楼和二楼，冶金馆放射性材料相当多。很多冶金专家都是得了绝症的。

1959 年，苏联毁约，停止向中国传授核武器技术，两国的关系开始紧张。毛主席讲，没有苏联的援助，我们自己也可以搞原子弹，唐楠屏院长和黄院长就接受了参与研制原子弹相关技术的任务，当时的代号叫 922 工程。

唐院长是党委书记，他刚接下这个任务时对黄院长还有一些保留，因为黄院长是从海外回来的，尽管 1958 年加入了共产党，但还是个预备党员，所以对他有所保留。我们都理解这个事情，当时就是这样的政治环境。

所以很多事情都是唐院长出面与上级组织对话，但是判断接下来的任务该用什么方法做是首先要解决的问题，这还是由黄院长为主来基本确定用粉末冶金的方法来做。

大概是 1960 年，赵维澄也从苏联留学回来，他是天津大学毕业的，他在 1956 年左右来到中南矿冶学院，后来被公派到莫斯科黄金学院留学，他现在调到北京去了。他回来以后参与了 922 工程，过滤膜的研制就归在这项工程里，后来是他领我们到北京钢铁研究院去的。

（四）粉末冶金的相关情况

当然国内那个时候也有一些粉末冶金研究和实践。上海灯泡厂生产钨丝，是外国人办的。大连硬质合金厂，是日本人办的。大连钢厂也有个粉末冶金小车间，我们 1956 年去那里实习。

但那个时候学术界基本上对硬质合金还没有很多认识，是由中南矿冶学院率先开办硬质合金专门化专业以后，粉末冶金行业才不断壮大，黄院长后来被选为粉末冶金学会会长。

粉末冶金这个行业里面有铁基粉末冶金、有色金属粉末冶金。我们的研究方向在有色金属粉末冶金。

北京钢铁研究院院长陆达是从德国回来的，党委书记林纳是从苏联回来的，他们到 1960 年才意识到钢铁粉末冶金的重要性。

在国际范围内，1910 年左右就出现了硬质合金，由德国人研制并使用，因为硬质合金的出现使机械加工行业出现了加速度，得到飞速发展，到后来发展到纳米硬质合金，比原来的硬质合金硬度又提高了好多倍。

目前全世界来讲在这一领域最领先的还是瑞典，瑞典出来的产品是第一流的，价格也很高。钨是我们国家的重要资源。但是我们国家的管理体系和研究体系都不够重视创造性的劳动，中国的研究总是跟在别人后面走，缺乏创新的东西，很多创新的东西发展了一半就没有了，这是我们在科学研究上的缺陷，所以很少出来一流的科学技术成果。

（五）高比重合金的烧结

我毕业以后被留下来做黄院长的助手，在他指导下做了很多的工作。

比如高比重合金，这个项目是黄院长争取回来的，现在仍然应用在我们的卫星与导弹上面。

这个项目原来放在株洲601厂，是黄院长把项目拿到中南矿冶学院的，但是我们没有条件怎么上项目呢？批下来的几个炉子和压机，条件都不够好。我们就利用我们的粉末冶金知识和金属学原理知识来改进实验条件。

按照苏联的书里面写的，高比重合金的烧结温度为1400℃~1440℃，我经过研究，把金属学原理结合在一起提出我的看法，我对黄院长说："我想把烧结的过程进行改进，但缺乏相关条件怎么办呢？"他说："你去想吧，只要能烧结好就行了。"他推荐我们看一本《活化烧结》的书，我就找来这本书看，看了这本书以后呢，我就运用。要是按照美国人写的这本书，烧结温度要在1400℃~1450℃才能烧结起来。因为高比重合金的主要成分是钨铜镍，90%~93%是钨，7%左右是铜和镍，还有钨铁镍，烧在一起成致密状态，作为一个陀螺旋转的时候它自己能够保持相对稳定性。当时我们和601厂共同竞争，601厂有优势，他们炉子先进，一烧就解决了。我们学校没有好的炉子，最后我们是通过我们自己的努力，在黄院长的指导下，创造性地在1280℃~1320℃烧结成功了。

高比重合金的成功烧结是在黄院长指导下我们完成得很突出的任务，

1968年获国家发明奖。那块牌子现在还挂在粉冶院里，牌子上写着学术指导人黄培云，完成人就是我和黄建中老师等等。

黄院长在学术上值得我们学习的一个特点就是创新。他不去照套别人的东西，他会给你提出一个新的思路，我们就根据思路去做。

他告诉我们1953年就出现了活化烧结，他要我找相关资料看看。我看资料，人家900 ℃～1200 ℃就烧成了，他们是用钨添加微量的镍去烧结，镍能熔解相当数量的钨（38%），再加铜，铜本身和钨是不熔的。受此启发，经调配新的方法后，我们在1280 ℃～1320 ℃烧成了；而国外的烧结温度大概是1400多摄氏度。

实验结果发表出来以后，80年代我接到美国大学的邀请函，邀请我去做访问学者，经过反复考虑，我没有去。我接触的实验有一些是涉及保密的，参与原子弹分离膜的研制，每一片都经过我的手。再说，黄院长从海外归来，作为学生我们不能有了成绩又跑到国外去。

黄培云和青年教师在实验室里讨论问题

（六）参与922工程的情况

从高比重合金的烧结到整个粉末冶金研究室的建立，有赖于黄院长全力的投入。

当时的党委书记唐楠屏接受了922工程，项目拿来之后，那时候条件比较缺，就组织60届留的几个人来共同开展“原子弹分离膜”的研究，当时北京钢铁研究院也在做，那时候有两种：一个是片状的，一个是管状的，苏联有样品，但是我们这里看不到样品。

黄院长也看不到样品，那时候引进国外的资料很少，他就根据自己的经验判断是用粉末冶金方法做的。最后我们用最简单的方法做，用沉降法做，根据沉降原理：粗粉先沉，细粉后沉。

铀的同位素分离也是利用瘦子跑得快，胖子跑得慢，胖子大过不去的原理分离的，道理一讲就很简单。

60届留了几个人，那时候是最艰苦的时候，国家自然灾害，吃也吃不饱，苏联又卡脖子。唐院长去和学校里申请，给了15人的指标，让我们保持每一个礼拜都吃两顿肉，就挽救了我们这批人，也挽救了这个项目。

唐院长和黄院长他们生活也很艰苦，但是保证我们每个月能够吃到两斤肉和两斤糖，后来调到北京我们一直保持这个水平，基本上满足了身体的需求。

对于参与922工程，我想黄院长最大的贡献就是确定了这个项目用粉末冶金的方法去做。

黄院长判断用粉末冶金的方法来做研究后，我们就做了些准备，做了部分技术工作和调节工作。我们做出一些成果后，引起了北京钢铁研究院的重视，因此把我们调到北京去共同研究。

唐院长说这是特殊时期，要服从国家的需要和组织的需要。所以我们有三十几个人到北京参与 922 工程的共同研制。

因为是参与国防工程，我们去的时候身份很特殊，基本上是住在一块，保密程度很高，每次出行都要两个人以上，所有的对外联系都要经过审查。

我记得第一批人是 1961 年 4 月份去的，我是 1962 年 4 月份去的，接到通知，我第二天就走了。几个月后我爱人在湖大生孩子通知我，但是我不能回来，一直等到 1962 年 12 月份放假了才回来一下，当时给我两个礼拜的时间。那个时候真是为了国家的事业牺牲了一切。

我爱人生孩子时我不在身边，请人带着我妈从老家过来照顾，当时我们国家经济困难，物资特别匮乏，我亲戚从越南买几只大鸡，做好再给我妈送过来，要我妈带给我爱人。后来我妈常跟我讲："阿炳，你不要忘记你爱人生孩子很辛苦……"所以我一直都记得这个事情。

当时聂荣臻元帅亲自抓 922 工程。1962 年 12 月的某天，聂荣臻元帅视察了北京钢铁研究院，当时有人通知我们说有领导过来视察，在二楼我们见到了聂帅。聂帅说你们加紧干，抓紧分离出铀。

我们到北京后，北京钢铁研究院很希望我们能留下来。当时钢铁研究院的党委书记林纳还亲自找我们谈话，他说人生难得有几次好的机遇，你们留在北京有更好的发展。还答应解决我们的配偶工作和住房问题。可惜，林纳后来在文化大革命中自杀死了。

而中南矿冶学院当然希望我们回去，很怕我们被留住，也在做工作。我想了想，还是决定回到长沙，回到学校。我于 1963 年 10 月回来了，另有一批人留在北京了。

也就是说，"原子弹分离膜"这个项目是北京钢铁研究院和中南矿冶学院的科研人员共同完成的。

附 3

凭真才实学给国家树立信誉（金展鹏①）

受访人：金展鹏

访谈时间：2008 年 8 月 29 日

访谈地点：中南大学校本部校园内

我在上个世纪 70 年代的时候就对相图计算工作感兴趣，当时就找了黄院长，告诉他我想从事相图计算的工作，问他的看法。他当时没有回答，后来过了一阵，他找到我，对我说："相图计算工作必须要马上开展起来。你上次找我的时候，我没有回答，是什么道理呢。我当年在麻省理工学院读书的时候，导师是 C. R. Hayward 教授，很有名的。周末的时候我们到他家里去玩，玩就玩嘛，但是他老人家还在做事情，要我帮着做，做计算，那时候没有计算机，也没有计算器，只有计算尺。他老人家年纪大了，计算尺看不清楚，要戴老花眼镜，戴一个老花眼镜还不行，要戴两个老花眼镜，当时给我留下的印象是，这个东西很困难。但是最近（1978 年）我到瑞典的斯德哥尔摩去开了一个国际会议，我看到最近世界各国的计算技术有很大的发展，所以我建议你赶快开展这项工作。"

做这项工作的初期，很多事情都是他自己动手的，比如说我们算相图的时候要一些数据的处理、数据的储藏，当时他提出用样条函数、Spline 方程，就是很多抛物线方程连接起来的，三点一个三点一个，连接成一个平滑的曲线。当时程序都是他自己写，他不是那种指出空洞大方向的领

① 金展鹏（1938—），中南大学教授，博士生导师，中国科学院院士（2003）。

导，他总是自己做事。

有一次我计算一个活度，采用的是传统的方法，就是用一个坐标值，坐标上面画曲线，然后量面积，用面积来算，他看了以后觉得可笑，说现在到了什么时候了，还用这种办法。

后来国家有了出国的名额，结果我考上了，当时是 1978 年。黄院长推荐我出去，他向瑞典科学院马兹·希拉德院士推荐我。马兹·希拉德院士是他在斯德哥尔摩开会时认识的，他们也是麻省理工学院的校友。后来我到瑞典学习，马兹·希拉德院士对我很关心，这也得益于他的推荐。

黄院长给我的推荐信写得很好，我在北京语言学院学习的时候，一个班三十几个人，要出国大家都找人写推荐信，黄院长帮我写的推荐信是最早寄出的，班上的同学竞相传抄，说回去要自己的老师按这个格式写。

我说这些，说明黄院长是支持相图计算的工作的。

我出国两年之后回来了，当时的确遇到一些困难，计算机、实验室都是他想办法解决。那时我是有情绪的，是不太想干的，他每次见到我都提相图计算的事，要我抓紧。我有一段时间都不愿意见他，心想，你又要我干事啊。有一次，他对我说，“你要抓紧时间。”他引用了一首唐诗：“诗家清景在新春，绿柳才黄半未匀。若待上林花似锦，出门俱是看花人。”他的意思是说学科发展也是这样，真正的春天并不是大家都看到的春天，当柳树还是嫩芽的时候，真正勇于探索有眼光的人会发现春天已经来临了，而等到繁花似锦的时候，到处都是看花人，要赶都赶不上了，对科研而言，就是指把创新的时机放过去了。

他对我的鼓励一向是很大的。我在 1978 年出国之前就是讲师，回国之后一直到 1985 年还是讲师，按照规定，讲师是不能招研究生的，他就要我做他研究生的副导师，帮他带学生。他对学生的要求很严格，有一个学生跟我说："黄院长要求，看参考文献也要看透，不看透，少一篇就不及格。而他指出的文献中有两篇是俄文的，我看不懂。"我说："那我帮你看吧。"这件事情说明黄院长做事很认真。那是80年代的时候，黄院长也60多岁了，无论刮风下雨，他都到实验室来，这也是老一辈科学家的特点。无论陈新民院长还是黄培云副院长，他们从来没有当面表扬过我，没有当面讲过我的好话，好话都是背后讲的，我从别人那听到的。

黄院长指导研究生相当具体，有些程序都是他自己写的。要求学生看的参考文献，他自己也看过。这些，都对我有影响。

我上面讲的内容是黄院长给我们指出了学术研究的方向，要我们抓紧时间，抓紧机遇。在具体事情上，在我们没有设备、没有办公室、没有计算机的情况下他帮我们解决。还想补充一点，他很重视从精神上对年轻人进行教育。我们那时候条件很差，他对我们说，进行科学研究就像做其他事情一样，要有艰苦奋斗的精神，要学黄山的松树，要学石头缝中生长的竹子，就像郑板桥那首《竹石》诗所写："咬定青山不放松，立根原在破岩中。千磨万击还坚劲，任尔东西南北风。"他的这种教育对我们很起作用，因为他不是空洞的政治说教，他放弃在美国那么好的条件回到祖国，一直在用自己的行为为我们做出表率。空洞的政治说教会令人抵触与反感，但黄院长是实实在在地感染着我们，影响着我们。

杜勇是黄院长的学生，我帮着带的。黄院长对杜勇很关心，杜勇本人也很用功，大年三十晚上还在上班，这样的人是少有的。他的特点是用功、紧跟前沿，人也特别聪明，学一样像一样。杜勇博士毕业时，在校内只有三个评审委员，我们还请了几个外国名教授评。当时的论文评审费是20多块钱人民币，所以我就跟外国的教授写信，在信上说："感谢你帮我们评审，但根据我们国家的规定，论文审稿费换算成美元只有3美元。你说怎么办?”一位英国教授就回信说:“钱不用寄来了,你们要我来评审博士论文,对我是一种信任和荣誉,我感到很高兴。”另外一位评审人是美国里海大学材料系系主任,里海大学的电镜在全世界排第一,阿波罗登月带回的几块石头首先是交给他们去鉴定的。他在评审意见中也对论文给了很高的评价,他也说,评审费可以不要,但是他提出:“论文中的程序可不可以给我用?”我们还是把程序给他用了,因为是学术交流,后来我们成为了朋友。

这件事情说明在对待以杜勇为代表的这样突出的学生,我们从一开始就是按照国际规格来要求,不是凭人情。国际学者是收买不了的。不像现在,导师给评审委员打招呼:“我的学生,请你高抬贵手。”请客送礼,作风不正。我们是不这样做的,这也是黄院长一贯的精神:认认真真做学问。他对学生的教导也是这样:“我们要用自己的真才实学为祖国树立信誉,这是最重要的,不讲信誉损害的不仅是自己,还有国家的形象。”

附 4

综合思维，循序渐进[①]（黄培云）

回顾自己在科学研究征途中，涉及了范围广泛的工作，如晶体 X-光结构分析、炉渣系统研究、复杂矿物的综合提取研究、粉末冶金有关研究等等。限于篇幅与时间，仅就在粉末研究方面自己的原始独特思维简要介绍如下。

粉体的物理属性往往被估计与致密母体一样或至少是非常接近的，其实大不相同。例如金属铁被公认为固体，其力学性能接近于弹性体，即虎克体（简称 *H* 体），其应力 σ 与应变 ε 关系服从虎克定律 $\sigma=M\varepsilon$，但铁粉体行为不服从虎克定律，也不服从牛顿流体 $\sigma=\eta\dot{\varepsilon}$ 规律，或 *Maxwell* 体（简称 *M* 体）$\sigma+\tau\dot{\sigma}=\eta\dot{\varepsilon}$ 规律，或 *Kelvin* 体（简称 *K* 体）$\sigma=M(\varepsilon+\tau\dot{\varepsilon})$ 规律，也不服从标准线性固体（简称 *SLS*）$\sigma+\tau_1\dot{\sigma}=M(\varepsilon+\tau_2\dot{\varepsilon})$ 规律。经过系统研究，我终于发现粉体的应力应变关系，在应力恒定状态下可用非线性 *K* 体（$\sigma=M\varepsilon^m+\eta(\varepsilon)^k$）模型来描述，从而在充分弛豫下导出公式

$$\mathrm{mlgln}\frac{(d_m-d_n)\,d}{(d_m-d)\;d_0}=\lg P-\lg M$$

这个由原始的、独特的科学思维导出的双对数方程，适用于各种粗细、软硬粉末，甚至据最近的文献报道，对纳米级粉末的压制，仍可适用。

在传统的粉末冶金工业中，粉末压型与烧结是两个最基本的工序。粉末压型一般都在水（油）压机上进行。随着粉冶工业规模与要求之扩大，

① 原文见《院士思维》第四卷，合肥：安徽教育出版社，2001 年，第 594~598 页。

粉末冶金厂所用压机的吨位也迅速增大，致使一般对粉末冶金厂的投资，大约七成到八成用在添置大型压机设备上。提高压机的效率，对粉末冶金企业是不能忽视的问题。一般水压机运动速度很慢，一般压模上模冲的下压速度为每秒数毫米至数厘米左右。在这种情况下，模冲运动时的动能或动量完全可以忽略不计，可谓属于静压范畴。如果我们提高压机下压速度，使其达到每秒数百厘米以上时，则模冲及其附加物的动能与动量就不可忽视了。当然在压型时我们最关注的问题是力之大小。我通过研究发现力与动能和动量的关系可以通过拉格朗日（*Lagrange*）方程

$$\frac{d}{dt}\left(\frac{\partial L}{\partial \dot{q}}\right)-\frac{dL}{dq}=0$$

联系起来。其中 L 为动能与位能之差；q 为广义距离函数；t 为时间。如果忽略压制前后由于压坯与膜冲重心变化而引起的位置变化，则 *Lagrange* 方程可以改写为

$$\frac{d}{dt}\left(\frac{\partial T}{\partial \dot{q}}\right)-\frac{dT}{dq}=0 \quad （T\text{ 为动能}）$$

上式表示动能随距离而变化或动量随时间而变化，都将转化为力；二者相等。为了验证动压粉体时此关系是否成立，进行了落锤自由落下、冲击模冲，使之压制粉体的实验，结果发现小小一个数公斤重锤自由落下短短一两米距离后，动压粉体就能达到静压时若干吨压力才能达到的致密化程度。可见动压可以大大提高制型效率。经过推导，我得到

$$\varepsilon^{n}(1-e^{-\varepsilon})=\frac{[W_H \cdot v_H]^2 d_m d_0}{2Mw\ [WH+W_p]\ (d_m-d_0)}$$

其中 W_H 为锤重，W_P 为上模冲重，v_H 为锤速，d_m 为致密体密度比重，d_0 为粉坯压前密度，w 为粉体重，M 为粉末压制模量，n 为粉末非线性指数。在上式中，等号右边 W_H、W_P、v_H、d_m、d_0、w、M 都为已知，等号左边 n

也为已知，只有 ε 为未知。因此，可解该非线性超越方程求得 ε 值，并由 ε 求得 d 值：

$$d=\frac{d_m d_n e^{\varepsilon}}{[dm+(e^{\varepsilon}-1)d_0]}$$

计算得出的 d 值与实测得出的 d 值基本相符。

粉末冶金另外一个重要工序是烧结工序。有关粉末的烧结理论，自 20 世纪初以来，众说纷纭、莫衷一是。由于烧结通常是一个高温过程，而高温条件下扩散过程比较容易发生，因此，早期粉末冶金烧结理论多以扩散理论为基础，认为在粉末烧结过程中，原子从一个粉末颗粒表面扩散到相邻颗粒表面上去，最终使颗粒与颗粒连接在一起。众多粉末颗粒互相连接，形成一个整体，便完成烧结过程。这种理论，可以解释烧结过程与扩散过程相似，都因温度提高而加快。但是，这种理论完全不能解释粉末烧结过程为什么受扩散系数的影响并不明显，扩散系数大的粉末不一定烧结得快；扩散系数小的粉末也不一定烧结得慢。20 世纪中叶（1948 年）Я. Ц. Френкелъ 提出流动学说，认为颗粒表面原子比较活跃，当温度升高时，表面原子更加活跃，接近液体状态，从而在重力或表面张力等作用下发生宏观流动。以流动为基础的烧结理论认为，粉体烧结时，体内孔隙的消失过程就是流体充填空隙的过程，比较容易被人接受。而且粉体烧结过程受压力影响很大，在热压或热锻时，粉末能在很短时间内（甚至在瞬时内）烧结成比较致密的整体。由于扩散一般是很缓慢的过程，受压力影响不明显，以扩散为基础的理论，很难解释上述粉体在热压或热锻时发生的现象。然而，流动学说面对某些活化烧结现象却遇到困难，人们发现在粉末烧结时，如果在烧结气氛中引进少量活化物质（例如氯、溴或碘，或在烧结难熔钨粉时引进少量镍），往往能大大加快烧结过程，很像某些化学反应或物理化学反应受催化触媒影响而加快。这种反应很难用扩散理论或流动学说来解释。通过反复思考，我注意到在扩散过程中，浓度 c 随时间与浓度 c 随位置而变化的关系需用二阶偏微分方程 $\left[\frac{\partial c}{\partial t}=a\,\frac{\partial^2 c}{\partial x^2}\right]$ 描述（a 为扩散系数）。在流动过程中，这种关系可用一阶偏微分方程 $\left[\frac{\partial c}{\partial t}=v\,\frac{\partial c}{\partial x}\right]$ 描述（v 为流动速度）。

在反应过程中，反应（不论是化学反应或物理化学反应，如结晶、再结晶、挥发凝聚、溶解沉淀、成核、长大等等）一般虽随时间变化，但与位置变化无关。因此，在描述浓度随时间变化与浓度随位置而变化的偏微分方程属于零阶

$$\left[\frac{\partial c}{\partial t}=kv\right],$$

因此，扩散、流动与物理化学反应可以并存，不是非此即彼，而是取决于具体条件，相辅相成。当条件允许扩散、流动与物理化学反应同时存在并综合发挥作用时，浓度随时间而变化与浓度随位置而变化的关系可用下列偏微分方程描述：

$$\frac{\partial c}{\partial t}=a\,\frac{\partial^2 c}{\partial x^2}\pm v\,\frac{\partial c}{\partial t}-kc$$

其实，自然界某些复杂过程可以通过多种渠道实现，与上述情况颇有相似之处。例如热传递可以通过扩散进行，也可以通过气体流动带动进行。热传递靠扩散进行是缓慢的，在不良导体（例如气体）中尤其是缓慢的。然而，室内火炉升温，各个角落很快都感到温暖，因为空气虽然是不良导热体，但是热空气上升，冷却后又下降，从而引起气体流动，使热量迅速被带到室内各个角落。热还能够通过辐射（与热源绝对温度的四次方

有关）迅速向四面八方传递。早晨太阳升起，人们立即感受到温暖。由于太阳离地球极远，热绝不可能通过扩散传导迅速到达地球上；由于太阳与地球间并不存在可以发生对流的气体，因此热也绝对不可能通过气流由太阳传递到地球。这时热能是通过辐射由太阳传递到地球上。这说明自然界中某些过程可以通过不止一个渠道完成。根据这种思想观点，我提出了粉末烧结的综合作用理论，认为粉末烧结是扩散、粘塑性流动与物理化学反应综合作用的结果，可以用下列偏微分方程描述：

$$\frac{\partial c}{\partial t}=a\frac{\partial^2 c}{\partial x^2}\pm v\frac{\partial c}{\partial t}-k(c-c_\infty)$$

其中 α 为扩散系数，v 为流动速度，k 为反应速度常数，c_∞ 为 $t=\infty$ 时残留浓度。

由于浓度有因次，当浓度的高次方出现时，会造成困难，因此令 $\theta=\frac{c-c_\infty}{c_0}$。由于 θ 为无因次数，可避免因次困难。这样可将上式改写为

$$\frac{\partial\theta}{\partial t}=a\frac{\partial\theta}{\partial x^2}\pm v\frac{\partial\theta}{\partial x}-k\theta$$

上述方程在一定的开始条件与边界条件下，通过分离变量法可以求得特解（过程比较繁琐，从略）。比较简单的特解之一为

$$\theta=[(1-y)e\frac{vL}{2\alpha}+ye-\frac{vL}{2\alpha}(1-y)]e-(\frac{vL}{2\alpha}+k)(y=\frac{x}{L})$$

一般情况下，当$\frac{vL}{2\alpha}$值不大时，方括弧内总值接近于 1。θ 值主要由 $e^{-(\frac{v^2}{4\alpha}+k)t}$值决定。在一般情况下，$\theta$ 是$\frac{x}{L}$，$\frac{vL}{2\alpha}$，$\frac{v^2L}{4\alpha}$，$\frac{\alpha t}{L^2}$，kt 五个无因次准数的函数。（$\frac{vL}{\alpha}$实际上即 Peclet 准数，也可以看做是 Reynolds 准数$\frac{\rho uL}{\mu}$与

Schmidt 准数$\frac{\mu}{\rho\alpha}$的乘积；$\frac{v^2 t}{\alpha}$也是无因次数，可以看做是 Peclet 准数平方与 Fourier 准数的乘积；$\frac{\alpha t}{L^2}$实际上即 Fourier 准数。）

以上是我的一些原始思维活动，在粉体压制方程方面，用非线性 K 体模型导出在充分弛豫状态下双对数方程；在动压方面，通过动能随位置变化与动量随时间变化都化为力的关系，发现动压可以大大提高粉体压制的效率；在粉末烧结理论方面，克服了片面考虑单一渠道的局限，提出综合作用理论，把扩散、流动与物理化学反应的作用综合纳入描述烧结进展的方程中去，从而有助于解决长达近一个世纪的纷纭争论。

在时间的坐标上，“现在”仿佛是个向“未来”方向不停移动的点。从“过去”到“现在”是发展、是历史，而从“现在”推测“将来”是展望。一般说来，回顾并分析历史是展望将来的唯一有效根据与参考。回顾粉末冶金发展的历史，人们发现粉末冶金从无到有，从小到大，从工艺逐渐发展成为科学，其发展过程是健康的，是蓬蓬勃勃向前发展的。但是，人们分析历史肯定也会发现，粉末冶金迄今还未完全脱离残留的工艺旧色，许多粉末冶金工作者只满足于利用粉末冶金工艺，而放松对理论的探索，甚至在工艺方面也只使用传统的行之有效的工艺，而忽略改旧创新的努力。展望将来，希望大家共同加强科技创新努力，争取达到“日日新、月月新”的境界，无愧于“日新之谓盛德”的中华古训。

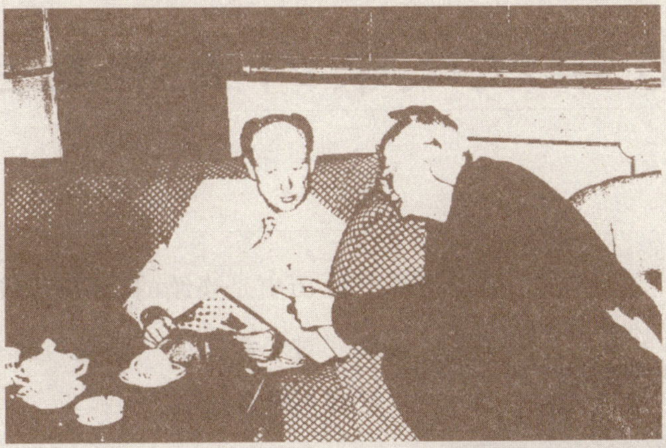

从我个人层面说，这个时期也进入到人生的收获季节。 有几件大事发生在这个时期。

我和新那觉得比较幸福：其一，我们真是白头偕老，年轻时许下的心愿做到了；其二，我们都为国家和社会做出了自己力所能及的贡献；其三，后辈们朴实上进，继承了长辈“忠厚传家”的传统。

第 8 章 80 年代以来的治学与生活

黄培云参加中共十二大会议期间在北京留影

历史是连续的，但有时也呈现出断裂。对于“文革”所经历的一些事，我已经不愿意过多去回顾。

在我回忆中的 80 年代，是从 1977 年开始的。这一年，由于“文革”冲击而中断了十年的高考制度得以恢复，使人才培养重新步入了健康发展的轨道。1978 年 3 月，在百废待兴的形势下，全国科学大会召开，这是中国科技发展史上的一次重要会议。邓小平在这次大会的讲话中明确指出“现代化的关键是科学技术现代化”，“知识分子是工人阶级的一部分”，重申了“科学技术是生产力”的观点。从而澄清了长期束缚科学技术发展的重大理论是非问题，打开了

“文革”以来长期禁锢知识分子的桎梏。几十年来，随着科教兴国战略的实施，科技人才队伍不断发展，取得了许多科技成果。

从我个人层面说，这个时期也进入到人生的收获季节。有几件大事发生在这个时期：1982 年当选中国共产党第十二次全国代表大会代表；1984—1986 年任湖南省科协主席；1987 年《粉末压制理论》科研成果获国家教育委员会科学技术进步奖一等奖；1994 年当选首届中国工程院院士；2002 年 6 月获光华工程科技奖。

学术交流与外事接待

从 1946 年回国之后，到改革开放之前，这期间我只在 1958 年有过两次出国进行学术交流的机会。一次是 5 月，参加教育部代表团赴东德弗莱

1958年黄培云访问苏联时在莫斯科留影

堡大学访问。一次是6月，参加中国科学院代表团到苏联参观访问。

“文革”之后，我恢复了正常工作。除去教学科研外，学术交流活动日益增多，参加各种国际会议、出国访问、参与海峡两岸学术交流等等。

与此同时，国外专家教授来中南矿冶学院访问活动频繁，有短期访问，有作学术报告或短期讲学等形式，我作为副院长，承担了许多接待工作。比如：1979年7月英国金属学会访华代表团来长沙访问，美国明州大学、哥伦比亚大学、加州大学、犹他大学的教授也来访。英国金属学会访华代表团是最早来的，湖南省配了翻译，但涉及很多学术问题，翻译就有些困难。这样，学校也找了专业翻译，新那也承担了部分翻译任务，几天下来，代表团的一位英国教授问我：“你夫人怎么一口的美国英语?”他们不知道，新那在美国生活了那么多年。

1979年7月，与“文革”后最早来访的英国金属学会代表团合影。
前排自左：陈新民（左一）、Hughes团长（左四）、黄培云（左五）

1980年6月，黄培云接待 Cohen 教授。自左：赵新那、黄培云、陈新民、Cohen 教授

1980 年，我和院领导一起，接待了瑞典皇家学院 Mats Hillert 院士和夫人，美国 Rensselaer Polytechnic 的 Lenel 教授等。几年里，还有西德冶金专家、日本东北大学教授等来中南矿冶学院访问。

1980 年 6 月美国麻省理工学院著名教授 Morris Cohen 来中南矿冶学院访问。Cohen 教授曾任美国总统顾问，我和陈新民 40 年代在 MIT 研究生院读书时是他的学生。老师到中国来参观了中南矿冶学院，陈新民和我领着他参观我们的实验室，他说："我不是看你们的设备有多新，而是要看你们用这些设备做出来的工作做得怎么样。"参观结束后，他非常高兴地看到学生所做出的成就。

现在我把印象深的几次学术活动和交流说一说。

（一）1978 年赴瑞典出席第五次欧洲粉末冶金学术讨论会

在打倒“四人帮”之后，虽然当时还没有提出改革开放的方针，可是我们要打开国门走向世界，这是国家领导层当时已经在酝酿的。要学习发达国家的经济与科技发展经验，这就需要出去进行考察，通过学习与交流来补我们的不足。

1978 年年初，我在北京出席了全国冶金工业学大庆会议，当时的国家领导人华国锋、叶剑英、邓小平等接见了全体会议代表，并合影留念。

也就是在这年春天，我们接到邀请，第五次欧洲粉末冶金学术讨论会 6 月将在瑞典举行。虽然国家领导有意识要派人出国考察，但真要派代表团到西方去，在政治上还是特别敏感。我听说，就派代表团参加西方大型学术活动这样的事，需要副总理们和总理都签字表示同意才能决定。当时的总理是华国锋，副总理是邓小平、李先念、徐向前等人。

6 月初，我随代表团到了斯德哥尔摩参加这次国际粉末冶金学术界的重

1978年6月黄培云(左四)出席第五次欧洲粉末冶金学术讨论会

要会议，会议组织者是瑞典的阿西留斯（Jan Aselius），他曾任瑞典金属研究院粉末冶金研究室主任。瑞典哥德堡工业大学粉末冶金系教授 H. F. Fischmeister 是主持人。代表团成员有北京粉末所所长李策、北京钢铁学院教授赖和贻、601 厂的厂长王君笃、西北金属研究院研究员廖际常等。

（二）1979、1987、1992、1995 年四次赴美

1946 年 12 月底我和新那回国，33 年之后，1979 年第一次到美国。还记得我在北京登机那天是 12 月 31 日，到美国迎来 1980 年元旦。在北京时很冷，穿着大衣，而到加州天气很热，外套都要脱下来。

这里要说一件趣事：新那提前到美国探亲，她到机场接我们。我的行李箱里，放着一只北京烤鸭，还有完整的薄饼、葱和甜面酱。而当时美国

1980年元旦，阔别33年之后黄培云再次到美国。在旧金山机场，行李箱里装着烤鸭……

是不允许携带鸟类入境的，我在过海关时想，如果烤鸭被“拦截”下来，我会解释说，在中国，鸭子不是归于鸟类的，因为鸭子飞不高。没想到很顺利地过关了。新那的姐妹们见到烤鸭，大为意外，非常高兴。因为对她们而言，北京的烤鸭实在是久违了。而对美国本地人而言，见到来自“红色中国”的人也是很惊奇的。新那和妹妹在街头，就有一个美国老太太善意而惊讶地问：“你是来自中国吗，能否让我摸一下？”

我是参加冶金部材料科学代表团赴美国参观访问的，团长是北京钢铁学院院长王润，同行的还有唐楠屏、陈新民等人。我们前后访问了加州大学伯克利分校、犹他大学、哥伦比亚大学、麻省理工学院。还出席了美国金属学会 ASM Pittsburgh 分会会议。回国之后，我收到了 ASM 分会主席发来的致谢信。

1980年冶金部材料科学代表团全体成员在赵元任家过新年

冶金部材料科学代表团成员与美国金属学会 ASM 分会人员合影留念

ASM 分会主席发来的致谢信

Prof. Dr. Huang Peiyun, Vice President
Central South Institute of Mining & Metallurgy
Changsha, Hunan Province
The People's Republic of China

Dear Dr. Huang:

I thank you for the honor of your presence at the January 16, 1980 meeting of the Pittsburgh Golden Triangle Chapter of the American Society for Metals.

Enclosed are photographs as a modest reminder of your visit to Pittsburgh, Pennsylvania. Thank you for your kind remarks addressed to the members of the Pittsburgh Chapter. May your gesture of friendship and toast be a foundation for cooperation between the Chinese and American metallurgical communities.

Sincerely,

Richard J. Henry

R. J. Henry
Chairman - Pittsburgh Chapter ASM

当时虽然“文革”已经结束了，但无论从大的氛围还是小的个体都还是受极“左”思想的影响，一些规定现在看来难以想象。比如：代表团成员不允许单独行动，必须要有一人陪同，甚至是多人陪同。因为代表团的成员对美国伙食吃不惯，想去吃中餐，而当时美国的中餐馆基本是广东人和台湾人开的，如果去的那家馆子是台湾人开的，那就带有了政治性，要向组织交代……要遵守非常严格的外事纪律。

我的二哥培熙也在美国，弟弟来了，想去看哥哥，但不敢去看，如果去了，是严重的政治错误。这样，分隔 30 多年的亲兄弟虽然近在咫尺，依然不能相见。哥哥非常伤心，都哭了。

1987 年 10 月 17 日，我再次抵达美国，这次和王鸿贵、吕海波、赵新那等人一道去的，到几所大学进行了访问。其中包括美国 Oak Ridge 国家

黄培云（前排右一）参观美国 Oak Ridge 国家实验室

实验室（Oak Ridge National Laboratory）参观。为了这次参观，我们在国内时就填写了具体而复杂的申请表格。美国 Oak Ridge 国家实验室聚集了最优秀的实验研究员和理论学者，并为他们提供了最好的分析和计算工具。他们的使命是攻克美国当下面临的最严峻的科学难题，并且开发新技术。这次参观给我们很多触动。

这次赴美还有一项任务，就是动员黄伯云回国。黄伯云 1969 年在中南矿冶学院粉末冶金专业毕业后留校，1980 年至美国留学，去了八年，后来妻子和女儿也去了。他在 1988 年 5 月，完成博士后研究后回到了中南矿冶学院，全家都回来了。他现在是中南大学的校长，也是院士。他获得了 2004 年度国家技术发明奖一等奖。

这次到美国，终于可以到洛杉矶探望二哥黄培熙一家，这时我们已经分别 41 年。青少年时代，二哥带我练太极推手，要我体会静中有动、动中有静的境界。这次相聚，我们都想起当年的推手。

1987年黄培云与二哥重聚，想起当年两人推手

1992 年也是参加学术会议，但是在这一年，培兴也从台湾到美国，培兴、我和培熙三兄弟得以聚首。

1995 年，中国工程院副院长师昌绪先生率领代表团访问 MIT，这个时候我已经是工程院院士。再次见到老师 Cohen，还有当年在 MIT 就熟识的 Grant，我在麻省留学时，Grant 是助教，现在已经是世界著名的学者。我们还与中国留学生进行了座谈。

这次在美国，我还专程拜访了老师任之恭先生。

任之恭 14 岁时就考入清华学堂。1926 年赴美国留学，1933 年回国。他创办了清华大学无线电研究所，是中国现代电子学研究领域的一位先驱

1995年中国工程院代表团访问美国麻省理工学院。黄培云院士(左一)与 M. Cohen 教授(左三)、N. Grant 教授(左五)、中国工程院副院长师昌绪(左四)、葛能全秘书长(右一)等合影

1995年黄培云拜访老师任之恭

和奠基人。1945 年抗战胜利后，西南联大决定派遣战争中贡献大的几位教授出国深造，任之恭被选中，他选择了哈佛大学，再次漂洋过海。在美国，他研究微波波谱学，获得了创造性的科研成果。后来他被选为美国国家科学院院士。任之恭在美国华人界是一位很有影响力的人物，许多华人有问题都愿找他商量，他曾是美国华人各界联合会首任主席，期间团结了许多华人，共同努力维持中美之间的良好关系，为祖国的现代化和持续繁荣做贡献。他在 1972 年率领美籍华人学者参观团访问中国，那时虽已发表中美联合公报，但两国尚未建交，有些敌视中国的势力仍相当活跃。一些成员收到恐吓信，被胁迫后放弃访华计划。但他坚定不移，于当年 6 月率领美国 12 名华人科学家及家属，回到阔别多年的祖国，进行了为时约半月的访问，受到周恩来总理等党和国家领导人的接见。

我和在美国的家人一道拜访任之恭先生一家时，老人家听说我是清华十级化学系的学生后很高兴，我们一起回顾了当年的一些事情。还有一件

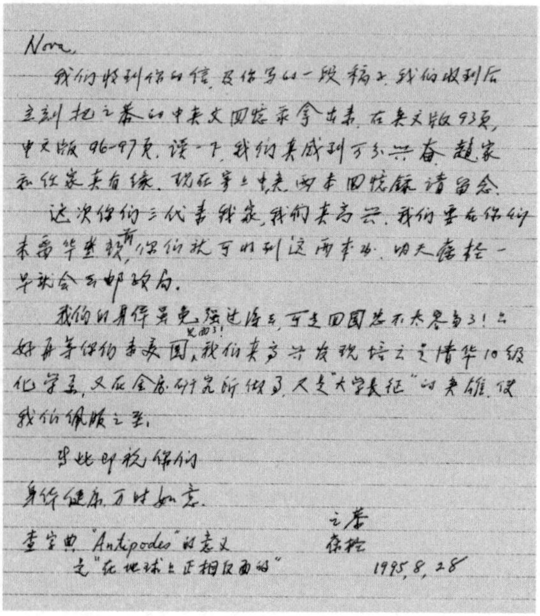
Nora，

我们收到你的信，及你写的一段稿子，我们收到后立刻把之恭的中英文回忆录拿出来，在英文版93页，中文版96-97页，读一下，我们真感到万分兴奋。赵家和任家真有缘。现在寄上先后两本回忆录请留念。

这次你们三代来我家，我们真高兴。我们要在你们未离华盛顿前，你们就可以到这两本书。明天寄挂一半就会到邮政局。

我们的身体虽勉强过得去，可是回国恐不太容易了！只好再等你们来美国（又见面了！），我们真高兴发现培云是清华10级化学系，又在金属研究所做了人生"大学长征"的英雄，使我们佩服之至。

专此即祝你们

身体健康，万事如意。

之恭
森桂
1995.8.28

查字典"Antipodes"的意义是"在地球上正相反面的"

任之恭和夫人赠书的附信

趣事，岳父赵元任在他的回忆录中，回忆了1939年6月20日，在美国夏威夷时无意中通过美国友人的业余无线电台与当时在昆明的清华无线电台联系上，并与任之恭先生通上话。而任之恭先生在他的回忆录中，也不约而同地回忆起这件趣事，取名为《战时的一件乐事》①。在我们离开美国前，任先生和夫人特地把他的《一位华裔物理学家的回忆录》寄来。

我在梳理这段回忆时，正遇上中国航天事业奠基人钱学森先生逝世（2009年10月31日），几天时间里，我和老伴在电视机前看他的事迹，看追悼会的情景，很感动。钱学森与我当年在麻省理工学院见过面，他对科学思想和方法论的探究始终伴随着他在技术上的钻研，并且从未终结过。他的夫人蒋英是音乐家，与岳父赵元任先生一家来往很多，与新那的姐姐赵如兰关系要好。钱学森和蒋英是科学家与艺术家的结合，他们的爱国情怀，我和新那有很多共鸣。钱学森是在上个世纪30年代去美国的，开始在麻省理工学院学习。一年后转到加州理工学院，就校园说，加州理

① 任之恭著：《一位华裔物理学家的回忆录》，太原：山西高校联合出版社，1992年，第96~97页。

工学院比麻省理工学院小很多，但钱学森觉得，加州理工学院更加注重创新。那里的学术气氛非常浓厚，学术讨论会十分活跃，互相启发，互相促进。钱学森觉得，我们现在一些技术和学术讨论会还互相保密，互相封锁，这不是发展科学的学风。在去世前，他多次谈到科技创新人才的培养问题，他说想到中国长远发展的事情，忧虑的就是这一点。他希望中国的大学能够更好地按照培养科学技术发明创造人才的模式去办学，这个问题也很让我共鸣。通过新闻，我看到这个问题也引起了国家的重视。

（三）1986 年赴西班牙出席国际钨协会议

钨元素由瑞典化学家舍勒于 1781 年从当时被称为重石的矿物（现称白钨矿）中发现，1783 年西班牙人德卢亚尔兄弟从黑钨矿中制得氧化钨，并用碳还原为钨粉。钨呈银白色，是熔点最高的金属，熔点高达 3400℃，是钢铁、电器、化工和国防工业的重要原料，特别是含钨高温合金主要应用于燃气轮机、火箭、导弹及核反应堆的部件，高比重钨基合金则用于反坦克和反潜艇的穿甲弹头。

我国是钨矿储量和产量最多的国家，有“产钨王国”之称。在钨的全国储量中，江西省又居全国各省之最，江西有的地方的钨矿经过长期特殊的地质作用，成为砂粒状，与山坡及其周围河床砂层混在一起，几乎遍地都是，就连当地铺路、建房用的土，都可用来炼钨。境内的西华山等钨矿是世界著名的钨矿，可以露天开采。

1986 年我赴西班牙出席国际钨协会议，会议的代表是来自世界各地与钨生产和使用有关的人员，我们国家也去了不少人。会议期间，我们除了认真听取有关的报告论文外，还积极与国外同行进行技术交流，互通信息。现在回顾那次交流，我印象最深刻的是参观西班牙露天钨矿。

参观西班牙露天钨矿开阔了我们的眼界。我们以前不知道西班牙的矿山也产钨，因为他们开采的是白钨，用选矿的办法。在我们中国代表团中，有几个是江西钨矿的负责人，当时的江西钨矿很大，职工上万人。我们参观的是露天矿，这个矿很小，职工还不到一百人，但是这个矿的产量比我们的江西钨矿还多很多，起初这几个江西钨矿的负责人不相信，但是参观之后心服口服了。所以行程中，到西班牙矿山参观之前，他们的状态是很得意的，而参观之后，变得谦虚了。

我们的矿山上万人生产这么多的矿，西班牙的矿山通过改进技术与设备，能够将生产效率提得很高。当然，白钨比黑钨好炼。白钨和石头从外表看没有什么区别，就像打火石那样的，但是磨碎以后都认不出来了。

西班牙的矿山使用先进的生产工具，在安全上有保证，看了以后我们很受启发，我们的矿山不断地发生事故，应该说安全在很大程度上还缺乏

1986年黄培云在西班牙露天钨矿留影

科学管理的保证。所以这次考察，对代表们来说是很重要的学习，都有很大的收获。

我国选冶钨矿物原料与国外不同，国外长期以来开发的钨矿主要是白钨矿，占总生产能力的60%。而我国尽管白钨矿已探明储量376万吨，占全国钨矿总储量的71%，但由于一些大型、超大型钨多金属矿床的矿石物质成分复杂，嵌布粒度细，选冶技术尚未彻底解决，因而现阶段开采仍以石英脉型黑钨矿为主，占全国采出矿量的90%。

（四）1986年11月赴重庆参加第一届中国材料研讨会

材料是实现工业、农业、国防和科学技术现代化的重要物质基础，它与信息、能源并列为现代文明的三大支柱，是现代社会赖以生存和发展的基本条件之一。当代科学技术突飞猛进，一系列新兴的高技术产业

1986年11月黄培云（前排右五）在重庆出席第一届中国材料研讨会

相继崛起，汇合成一股新技术革命的浪潮，并引起了材料科学领域内的深刻变革。各种适应高技术发展的新型材料不断涌现，导致某些产业部门的变革，乃至对世界经济和社会结构产生重大的影响。

我国新型材料的研究工作发展十分迅速，但由于多年来材料生产者与使用者之间的交流较少，这不但影响新型材料的进一步发展和推广，而且对材料科学的深入研究也极为不利。为此，在全国科协的组织下，全国 17 个与材料有关的学会于 1986 年 11 月在重庆召开了第一届中国材料研讨会。

在这次会议上，我国十几位科学家就材料科学的各个方面及新型材料的发展做了全面的论述，我在会上提交了题为《粉末冶金进展及相邻学科问题》的论文，并做了主题发言。①

美国国家科学基金会 1980 年向美国总统和国会提交的五年科学展望中对粉末冶金和快速凝固技术有这样的论述：这些技术的出现将对运输、空间和能源系统提供大量的经济利益，并且将会增加美国的工业基础，有可能对整个美国的生产局面产生相当大的冲击。世界上所有工业发达国家的决策者和材料科学工作者都重视粉末冶金的发展，因此，系统介绍粉末冶金发展动态，引起人们对粉末冶金的重视，是我提交这篇论文的背景和目的。

“文革”之后，我国的粉末冶金取得了相当引人注目的进展，一系列新技术、新工艺、新材料相继出现，我那次发言对粉末冶金进展进行了综合评述，并对粉末冶金学与粉末冶金技术和相邻学科与技术的关系阐述了自己的看法。

① 见《第一届中国材料研讨会论文集》，中国金属学会编（1986 年）。

首先，我论述了70至80年代粉末冶金发展的特点。

假若把粉末成型和烧结作为主要工艺的粉末冶金技术称之为传统的粉末冶金技术，那么这个时间段在粉末冶金领域发展起来的一系列新技术和新工艺的全部内容可称之为新型的粉末冶金技术。新型粉末冶金技术的发展有以下几个特点。

首先是新技术、新工艺大量涌现。如快速冷凝、机械合金化、超微粉末的制造、粉末热等静压、粉末热锻、粉末轧制、粉末挤压、粉末等温锻造、粉末喷射成型、粉末注射成型、涂层和粉末热喷涂等。新的技术和工艺的应用使得一批具有粉末冶金新特色的材料相继产生。如粉末高温合金、粉末高速钢、粉末不锈钢、粉末热锻钢、粉末铝合金和特种陶瓷等。

其次是利用极限条件制造具有特殊性能的材料。如快速冷凝制造微晶、非晶粉末；在超高温、超高压条件下合成人造金刚石、制造聚晶立方

黄培云在第一届中国材料研讨会上作报告

氮化硼；通过火焰爆炸喷涂和超高速火焰喷涂获得涂层；用冷冻干燥、超声波粉碎、爆炸法获得超细粉末；利用爆炸成型、电火花烧结、高温烧结、磁场烧结获得高性能的粉末冶金制品。

最后一个特点是最终形状产品的制造技术成就突出，如粉末冶金零件几何形状复杂化、尺寸精密度提高，使最终机加工减到最低限度。

在介绍完这些特点之后，我从粉末冶金新技术和粉末冶金新材料两个方面展开谈粉末冶金的新发展。粉末冶金新技术方面具体介绍了快速冷凝技术、机械合金化制粉工艺、超微粉末制造技术、以热等静压为主体的热致密化技术、粉末注射成型技术、金属粉末喷射成型技术、涂层和热喷涂技术等技术的特点、工艺及国际应用情况。粉末冶金新材料方面具体介绍了粉末高温合金、粉末高速钢、粉末冶金工具材料、超微粉末、粉末冶金电磁材料、粉末冶金摩擦材料、粉末铝合金和铁基粉末高强度结构材料、特种陶瓷等新材料的情况。

20世纪以来，现代科学技术的自身知识结构发生了巨大的变化，首先是加强自然科学和技术之间的相互联系、相互作用，在自然科学和专业技术之间涌现了大量的“中介”学科，即自然科学、技术科学和专业技术三者的统一，构成了现代科学技术的知识体系。其次，现代科学技术体系构成的三部分之间以及各部分之间，相互渗透、相互结合，使得边缘学科、交叉学科、横向学科大量产生。

在发言中我指出：现代粉末冶金技术的产生和发展，使得建立在连续介质、致密金属上的一些传统概念需要重新估计，例如超微粒子的出现使得金属的熔点、磁性发生变化，快速冷凝使得金属的相图需要考虑时间坐标。粉末体塑性变形体积发生变化、大批量塑性力学传统概念、粉末机械合金化扩展了金属固溶的形成化合物的定义，原始颗粒边界（PPB）增加了金属学的内容，以及硫、磷强化粉末表现出超塑性等一系列现象改变了人们的传统看法。基础科学对松散的颗粒、多孔体与含有复合晶界和界面的烧结体的研究产生了粉末冶金学这一门中介学科。

粉末冶金学从属于材料科学，它是材料科学的组成部分之一，是研究金属、合金、非金属和化合物的粉末及其材料的制造理论的技术科学，是介于力学、固体物理、化学、物理化学等基础科学与粉末冶金技术之间的“中介”学科。在发言中，我还具体谈了粉末冶金学与相邻学科、粉末冶金技术与相邻技术的联系。

（五）1988 年 11 月在长沙参加第一届钨、钛、稀土、锑冶金和材料国际学术讨论会

由中国有色金属学会、中国稀土学会主办的第一届钨、钛、稀土、锑冶金和材料国际学术会议，于 1988 年 11 月 6 日至 9 日在长沙的华天酒店举行。

1988年11月黄培云在长沙和后藤教授一起主持讨论会

1988年11月黄培云在长沙第一届钨、钛、稀土、锑冶金和材料国际学术讨论会期间与美国 IOWA 大学格什奈特教授进行交谈

参加会议的有国内外有关领域的专家学者共 430 人。中国有色金属学会理事长邱纯甫，中国稀土学会理事长周传典等出席了会议。国外学者共百余人，分别来自日本、苏联、美国、澳大利亚、奥地利、比利时、加拿大、法国、联邦德国、匈牙利、印度、瑞士、瑞典、英国等，其中有：美国著名冶金专家、IOWA 大学稀土情报中心主任格什奈特教授，日本矿业学会前理事长后藤佐吉教授，英国金属学会前理事长纳丁教授等。[①] 我和后藤教授主持了讨论会。

在会上，格什奈特教授作了《稀土物理冶金的新进展》学术报告。他介绍了近年来稀土材料科学上的成果。根据我的记录，他主要介绍用热还原法制备稀土铁合金的过程，还提出了中美两国在资源、生产和应用方面的差异，让我们了解到两国的重点不同，差别明显。

① 见《稀土》1988 年第 6 期。

黄培云主持闭幕式并祝酒

会议进行了分组会议，分别宣读了多方面的学术论文，并进行了讨论。有的论文以墙报方式进行交流。会议期间还举办了钨、钛、稀土、锑国际展览会，主要介绍了我国有色金属工业总公司下属厂矿关于上述金属的生产概况，并展出了实物。奥地利的奥钢联集团也参加了展览。

（六）海峡两岸学术交流

第一届海峡两岸粉末冶金技术研讨会于1995年在武汉召开，并商定以后每两年分别在大陆与台湾举办此研讨会。1999年在上海举办了第三届，2003年应轮到在大陆召开，因为SARS延至2004年。

在这期间，我于1996年9月随代表团赴台湾几所大学访问，代表团的团长是张保军，当时他是中南工业大学的副校长，后来当了合并后中南大学的党委书记，现在中国矿业大学任党委书记。我们访问了成功大学，参观了工业技术研究院工业材料研究所，还到新竹清华大学交流。沈君山校长接待了我们，沈君山被称为岛内“四大公子”（其他三者为钱复、连战、陈履安）之一，他是物理学家，又是桥牌、围棋高手，文章也写得相当好，很有名士风度。在台北，我还与清华校友聚会，欢聚畅谈，受到了热情的接待。

1996年黄培云访问台湾新竹清华大学。
自左：黄培云、沈君山、张保军、赵新那

1999年黄培云（右四）在海峡两岸粉
末冶金技术研讨会主席台上（上海）

1999年海峡两岸粉末冶金技术研讨会于7月12日至13日在上海市举行。出席会议的台湾粉末冶金界学者和大陆学者与企业家有200余人。

这次会议发表学术论文25篇，这些论文分别介绍了大陆和台湾粉末冶金科研、生产的发展情况，特别是反映了学术领域中的一些热点课题的动态及进展，使大家进一步了解了海峡两岸在粉末冶金机械零件、注射成型、温压、微波烧结、喷射成型、功能材料、硬质合金、纳米技术、磁性材料、粉末制备技术及预处理技术、粉末高速钢等各方面取得的新成果，受到代表们的热切关注和欢迎。海峡两岸的学者和企业家都比较重视这次大会的召开，认为这次会议为两岸学术交流、共同振兴粉末冶金事业提供了良好的机会。

2004年9月4日至9日，由中南大学粉末冶金研究院等单位承办的第五届海峡两岸粉末冶金技术研讨会在湖南长沙神农大酒店举行。为了组织

2004年第五届海峡两岸粉末冶金技术研讨会开幕式(长沙)

好大会的学术交流，大会秘书处挑选了一批高水平的论文进行大会交流，并特邀了七位知名专家做专题综述报告，共有 32 名学者在大会上做了精彩的学术报告，其中有台湾代表 13 人。为让企业能更广泛地交流，9 月 6 日晚上还组织了一场讯息发布与交流的专场报告会，有 12 个国内外的企业家登台做了讯息发布，引起了与会人员的很大兴趣。①

在会议期间还组织全体代表参观了中南大学地质博物馆、粉末冶金国家重点实验室、粉末冶金国家工程研究中心，还专程赴株洲参观了株洲硬质合金集团公司钻石工业园。

本次研讨会共有约 200 名代表与会，共收到论文近百篇。其中台湾方面与会人员达 35 人，提交《材料特性与制程参数对 PIM 产品尺寸稳定性之影响》② 等 10 余篇论文，参加人数与提交论文数均是历届会议中最高的。

湖南省科协主席

1958 年 12 月 6 日至 7 日，湖南省科联、湖南省科普在长沙联合召开省科技工作者代表大会，决定将两个团体合并成立省科学技术协会。我在那次大会上被选为省科协副主席。

1966 年“文革”开始之后，省科协及其所属学会负责人许多被打成“走资本主义道路的当权派”或“资产阶级反动学术权威”而横遭批判斗争，科技团体也被迫停止了活动。

---

① 见《粉末冶金工业》第 14 卷第 6 期 2004 年 12 月。
② 见《第五届海峡两岸粉末冶金技术研讨会论文集》2004 年。

直到“文革”结束之后，省科协才于1977年恢复工作。

1983年6月，湖南省直机关机构改革，任命我为省科协主席。那几年，各级科协和学会开始由拨乱反正走向开拓发展。1986年12月，湖南省科协第四次全省代表大会召开。出席会议的正式代表近500人，我代表第三届委员会向大会作了题为《团结奋斗，坚持改革，为实现我省“七五”计划，推动两个文明建设贡献才智》的工作报告。这个时候，省领导的号召也转变为希望科技工作者为四化建设贡献自己的聪明才智，把科技工作与经济建设更加紧密地结合起来，面向现代化、面向世界、面向未来，多干实事，为振兴湖南经济服务。

1986年12月的湖南省科协第四次代表大会上选举出第四届委员会，我卸任，侯振挺担任主席，侯振挺是数学家，当时他是长沙铁道学院教授。11人担任副主席，副主席中有袁隆平、钟掘、陈国达，他们几位都

1986年12月黄培云在湖南省科协第四次全省代表大会上作大会报告

1986年黄培云(右)出席全国科协三大会议,与全国科协主席周培源(中)交谈,左为尹长民

是由我提名的。他们后来都在学术领域做出了重要贡献，想到这些，我由衷高兴。

在这里，我还想对当时湖南省委的熊清泉书记、省委常委尹长民表达感谢，他们对我的工作给予了大力地支持。

当选首批工程院院士

中国科学院于 1949 年 11 月在北京成立，是国家科学技术方面最高学术机构和全国自然科学与高新技术综合研究发展中心。

1993 年，在王大珩、师昌绪、张光斗、张维、罗沛霖、侯祥麟等院士的倡议下，中国工程院 1993 年底开始筹备，筹备组长是国务委员宋健，师昌绪是副主任之一，他当时是中国科学院的技术科学部主任。中国工程院完全参照国外的模式，没有下属单位，院长和副院长都是选举出来的。

中国工程院是我国工程技术界的最高荣誉性、咨询性学术机构，由院士组成，对国家重要工程科学与技术问题开展战略研究，提供决策咨询，致力于促进工程科学技术事业的发展。

参照我们国家第一批学部委员和各国第一批院士的产生做法，中国工程院的第一批院士是根据确定的标准和条件，按照一定的程序，经过提名、协商最后遴选出来的。我和何济善是我校第一批入选的。

最近，中国科学院和中国工程院刚刚发布了2009年院士增选结果，此次工程院院士增选，首次参照了“品行端正”这一标准，以突出学风道德在评选中的重要性。而增加“品行端正”这一内容，是经过全体院士大

1994年6月5日首批中国工程院院士中部分清华校友返校合影留念

2002年6月黄培云(左三)在人民大会堂领取“光华工程科技奖”

会讨论通过的，社会各界也非常赞成。评选院士要保证其学术水平，因此在增选过程中最关注的是其业绩材料，材料是否有不实之处，成果是否有包装，都涉及品行问题。因此，评选过程中要对材料的真实性和客观性进行考察。

另外，院士增选中也存在助选现象，有候选人到处找人，也有单位出面，甚至送礼的现象，这都关系到品行和学术道德。如果出现这种现象，就要考虑这人是否符合院士标准。

我觉得“品行端正”还不仅是个人的问题，有的时候所在单位，甚至所在省都很看重自己拥有多少院士，都出面活动。个人的小环境离不开大环境，这是需要省视的问题。

2002年我获得“光华工程科技奖”。① 2002年是第四届“光华工程科技奖”，在原设奖项基础上增设了“成就奖”和“青年奖”。颁奖地点在

① “光华工程科技奖”是我国社会力量设立的中国工程界最高奖项。由台湾实业家尹衍樑、陈由豪、杜俊元和全国政协副主席朱光亚共同捐资设立，由中国工程院管理、承办，旨在对在工程科技及管理领域取得突出成绩和做出重要贡献的中国工程师、科学家给予奖励。

人民大会堂，清华大学教授张光斗院士获得了“成就奖”，铸造专家、清华大学教授柳百成，师昌绪和我等13人获得“光华工程科技奖”，还有5位优秀的青年科技工作者获得“青年奖”。

清华十级校友活动

大学时代在清华园与西南联大的生活经历对于我人格和基础学科的训练，让我终生享用不尽。不少学问与道德都坚实的级友，是伴随我终生的珍贵收获。

1914年冬，梁启超先生应邀来清华演讲，讲题就叫《君子》，用《周易》里两句关于“君子”的卦辞“天行健，君子以自强不息”“地势坤，君子以厚德载物”作发挥，激励清华学子发愤图强，这次演讲后学校即以“自强不息　厚德载物”八字作为校训，并刻制在当时的校徽上。而校训的精神也深深镌刻在了每代清华人身上。

我们1934年入校的清华十级，毕业已经70余年。这可不是平平常常的70余年，这期间充满了重大的历史事件和社会变革，国与家、集体与个人都发生了难以想象的变化。承蒙热心的级友积极联络，清华十级出刊《清华大学十级校友通讯》，每年一本，内容丰富，是级友们信息交流的重要平台，至今已经出版25期。每一期都有级友的动态，只是最近这些年，级友多人逝世，虽然“人事有代谢，往来成古今”，生老病死乃人生常轨，但得知这些消息，还是悲恸良深。

几十年里，级友们常回母校聚会。我保留了许多照片，记录了聚会时的情景。

1996年4月28日（左起）陈芳允、郭健、武衡、黄培云等十级校友在清华大学甲所前合影

关于毕业 70 周年聚会，因为时隔不久，我就详细谈谈吧。

2008 年 4 月 27 日上午，清华园到处洋溢着节日的气氛，海内外清华学子从四面八方赶来，共同庆祝母校 97 周年华诞。在返校的校友中间，有一个特殊的集体，这就是毕业 70 周年的十级校友。

早上八点多开始，十级校友们陆续来到甲所一层会议室，与当年的同学相会。参加聚会的有十位老校友：嵇同懋、林从敏、黄明信、陈宝仁、吴承明、任扶善、刘友锵、汪复强、诚静容和我。我们中最年轻的也已经 91 岁了，有几位同学虽然行动不便，还是在家人陪伴下来到聚会现场，新那也陪我一块到了现场。

1998年4月清华十级校友毕业60周年聚会，部分校友游圆明园合影

嵇同懋是第一个来到会场的。旅居美国六十多年的林从敏，这次在女儿的陪伴下返校。回国之前他对儿子说，这次毕业 70 年一定要回来见一见同学们，如果百年校庆时身体情况允许，一定要带全家人回来。回国前，他积极联系了在美国的其他级友，询问了他们的近况。在聚会上，他向国内的级友们作了详细的汇报，并转达了旅美级友对母校的思念和对级友的祝福。

吴承明是当年的清华“救国会”主席，“一二·九”前后曾组织和领导过学生运动。黄明信毕业于历史系，曾经师从陈寅恪等名师，毕业后悉心钻研藏传佛教，对藏文和藏族文化有很深的研究，早年退休于国家图书馆。他和林从敏的一些往事，我都在“清华园与西南联大”那一章里回忆过。

陈宝仁是十级校友联络人。他骄傲地介绍说，有 81 位十级校友在他的联系范围内。他主编的《清华大学十级校友通讯》已经成为了联系十级校友情感的纽带。

大家见面后亲切地握手、拥抱、交谈，谈起昔日的校园生活，离校后彼此的工作成就，还谈到因为身体原因没能来参加聚会的级友。

这里我要特别提到台湾原新竹清华训导长洪同，他是台湾清华校友会的负责人。2005 年他曾携校友 7 人回母校参加 94 周年校庆活动，那年也是他的 90 诞辰。校友聚会时，谈到台湾当局在不久前，要把台湾新竹清华和台湾交大合并，以彻底消除清华的名称，断开两岸清华的联姻时，他说，此事遭到新竹清华师生的坚决反对。洪同在切开生日蛋糕后，激动地祝愿“两岸彻底和平”。洪同那年返回台湾后给校友会发了感谢信，称“这次返校参加校庆，承您们惠予接机，并做一切妥善周到的安排，以及

2008年4月，清华十级校友毕业70周年聚会，部分级友合影，前排右一为黄培云

盛大的款待，使我们享受到女儿回娘家般的温馨感觉，这一份盛情，让我们由衷感激，承志难忘。”就在 2008 年春节，我和新那还接到了洪同的信，他表示一定要参加十级校友毕业 70 周年的活动，没想到在聚会前他就去世了，没有等到这天。

聚会结束前，我们一同唱起了厚重的清华老校歌：“西山苍苍，东海茫茫，吾校庄严，巍然中央……”

4 月 27 日我还在化学系新馆（何添楼）一层大厅参加了化学系老系主任、我国著名的化学家和化学教育家高崇熙先生的塑像落成典礼。上世纪 30 年代初，高先生为筹建清华化学馆呕心沥血，化学馆不到两年建成，成为当时国内最早的、设备齐全独立的专业系馆。70 多年过去了，化学馆仍是清华园内的标志性建筑之一。

高先生在清华大学化学系（含西南联大）执教 27 年，为我国培育出一批化工人才。他在无机合成研究中成绩卓著，新中国成立后，他研制成功硬质玻璃，结束了化学硬质玻璃仪器依赖国外供应的历史；他创建的北京新华试剂研究所，1958 年发展成为我国最大的试剂生产厂——北京化工厂。高崇熙先生的塑像是在清华大学化学系诸多系友的倡议、捐款下完成的，由清华大学美术学院创作完成。有 70 多位受过高先生培养的老化学系系友参加了这次揭幕仪式。

生活杂忆

到今天我这个小家庭是三代，八口人。我和新那育有二子，长子黄家汉，1947 年出生于武昌，次子黄家林，1952 年出生于武汉大学。但当时我在长沙参与筹建中南矿冶学院，非常忙，无暇顾及家人。孩子们长大成家后，国家已经开始执行独生子女政策，所以他们各自只生育了一个孩子。这样，我们家就八口子为止了。现在大孙子刚刚而立，不知道我们能否看得到第四代。

我在这一章的开头就说过：历史是连续的，但有时也呈现出断裂。对于“文革”所经历的一些事，我已经不愿意过多去回顾。但不能回避的是，我的两个孩子，他们人生中本该用于求学的最宝贵的成长阶段，是在“文革”期间度过的。

1999年黄培云全家福（摄于岳麓山爱晚亭前）

他们从小很爱学习，也很努力，两兄弟相继考上长沙市一中。家汉高中刚毕业时，全国性的大串联活动已经迅速发展起来。他也成为千千万万个红卫兵中的一员，与同学一道，拿着“红宝书”到各地串联，还在天安门前照了相，他参与的队好像叫做“五湖四海长征队”。当时串联，有些免费，如乘坐交通工具和吃饭住宿，而提供棉衣等费用要问家里要。大串联是文化大革命中很特殊的一道风景。

1968 年，刚满 16 岁的家林初中毕业。当时有规定，未满

16 岁的学生可以留在学校继续学业，而满了 16 岁的，就要下乡，到农村去接受锻炼。这是国家有组织的“上山下乡运动”。

兄弟俩都到了湖南湘西靖县的甘棠公社塘头大队，家汉先到一些，在这个远隔长沙 1000 多里的小山村开始了新生活。家汉在那劳动与生活了 5 年，家林待了 8 年。

这些年轻的知青去后，慢慢发挥作用了。除了做秧田、打农药等农活，他们还帮生产队修了打米站，而之前，乡亲们是用脚踏米的原始方式。他们还教农村的小学，这样，逐步获得了社员们的认可，融入了当地的生活。

家汉和家林在回顾自己的知青岁月时，态度一致，就是觉得不论对知青运动的是非曲直如何评价，个人经历如何坎坷，每个知青从中得到的不尽相同，辛酸痛苦或苦中取乐，但那段历练培养出的坚韧以及当时与队友、乡亲建立起的深厚感情，却是相伴终生的。

我和新那后来听说了两个孩子在靖县的“惊险”经历，因为偶然的幸运，他们保住了生命，但我们听到那些经历时，还是止不住后怕，毕竟作为父母，都希望孩子平安。

他们经历了怎样的“惊险”情况呢——

1970 年秋收过后，政府下达了要修三线铁路（枝柳线）的通知，沿线各公社自然要派民工参加修建。家汉和家林所在公社的任务是修枝柳线的便道，知青历来是队上外派民工的主力，于是兄弟俩带上背包就被派去了工地。

便道修好后，他们又随大家一起去附近山里修路，有一段矗立在渠江边的叫做“狗爬岩”的地方施工进度很慢，拖了工程的后腿。这是江边的一块大石头，上面只有一条凿出来的小路，很陡，当人们经过时，经常需要手足并用，因此被戏称为“狗爬岩”。为了不拖工程的进度，公社决定成立一支突击排，从各大队抽调一批强劳动力，50 人左右，专门对付狗爬岩，家汉和家林又都被抽调入突击排。

狗爬岩的石头很硬，却很脆，几锤下去，炮眼里的石头不是变成灰，而是变成了一颗颗坚硬的四方角小石头，把钢钎紧紧地抱住，根本无法继续打下去，不可能像平时那样，利用钢钎的旋转把炮眼里的灰冲出来。他们只好打所谓碗口炮，即炮眼的口径约碗口大，爆破时本来有规定，把炸药、雷管放好以后，人都撤出来，再去爆破。但有一天，他们还没撤出，那里就爆破了，他们只能尽可能地往山上跑，看着被炸碎的大小石头从天而降，他们来回躲避，居然没有被砸到。

家汉还参加了修高压线，那个水泥杆十几个人扛，有一次新那才给他做了条新裤子穿了去，回来我们发现破得不成形了，问他咋的，才知他是爬到高压杆的顶上，才爬上去，就遇到雷阵雨，他马上抱着那个电杆滑下来，裤子给磨坏了。所以他们在知青生涯里，不光是劳动，也遇到好多次惊险的情况。

孩子们在农村这么多年，学习的机会就没有了。因为我的父母和兄弟在台湾，新那的父母姐妹在美国，这样的家庭背景，在当时的政治氛围中，想要孩子们招工进城是不可能的，所以他们都呆在小山村，一个 5 年，一个 8 年，影响着他们多年的学习，但是他们跟队友、农民建立的感情还是很深的，一直到现在还来往着。1973 年，新那的父亲母亲第一次回国，孩子们也到北京与外公外婆见了面，岳父母很不理解为什么两个外孙不念大学，他们误解为孩子贪玩和我们管教不当，在当时的政治气氛下，我们没有跟老人家解释，也不好解释。

我和新那总是叮嘱孩子们，虽然有人鼓吹交白卷、不念书，但希望他们能够尽可能地保持自学，而两个孩子也很自觉，在那样的条件下还是坚持自学。后来我被平反落实政策的时候，老大就被调上来，进了湖南师范学院，学习俄文。

老二在农村呆了8年，没有能够回到长沙，因为没有名额了，只能去资江氮肥厂当工人。好在家林心态好，对于造化弄人并没有产生多少负面情绪，始终与人为善，持有积极的人生态度。

老大家汉是他们那一辈人中一个群体的代表：既经历了“土插队”，又经历了“洋插队”。家汉大学毕业后，先是当中学老师，因为儿媳妇北平在北京广播学院读研究生，家汉也就考到同一所学校读研究生。1991年，家汉、北平先后去了美国，在华盛顿工作。

老大到北京读研究生后，因为我们两人身边没有孩子照顾，向组织提出申请，家林才被调回长沙。但当时也有很多的规定，回来的知青都不让转正和转干。所以家林先是当工人，他是3级钳工，电工也学了一些。他始终保持自学，他一边工作，一边自学，最后考上了函大，因为他已经自学了大学一年级的数学、英文等课程，所以插班读的二年级。

黄培云、黄家林父子俩在校园网站讨论问题

家林的媳妇是他当年的知青队友。现在他们都在我们身边。家林当年参与了学校校园网的建立，现在放假了还在忙呢。经过不懈的学习与积累，家林已经是研究员，带研究生了。他是一个从来不计较的人，很低调，得了奖也不告诉我们，我们听别人说起才知道。我和新那有一个孙儿一个孙女。长孙黄又新是家汉夫妇的孩子，因为父母到北京读研究生，又新也被带到北京。为了让他们安心写论文，又新三岁半时，被新那接到长沙，这样，他就在我们身边学习、生活，直到初中毕业。14 岁时，被他妈妈接到美国去了。这十来年中，只有一年多因为新那病了，又新被接回北京，其余时间，又新和我们、和叔叔婶婶一起生活。早上是叔叔送去幼儿园，下午 5 点钟是我去接回家，生病的时候婶婶是医生，所以又新和叔叔婶婶的感情很深，话语比和他自己的父母还多。又新小时候，经常和我下棋，我们下得可认真了，有时还较真得赌气，要新那来劝解才缓和下来。现在又新在美国读完硕士，当上了公务员，去年满了 30 岁，而立了。

爷爷黄培云和6岁的孙子黄又新下棋

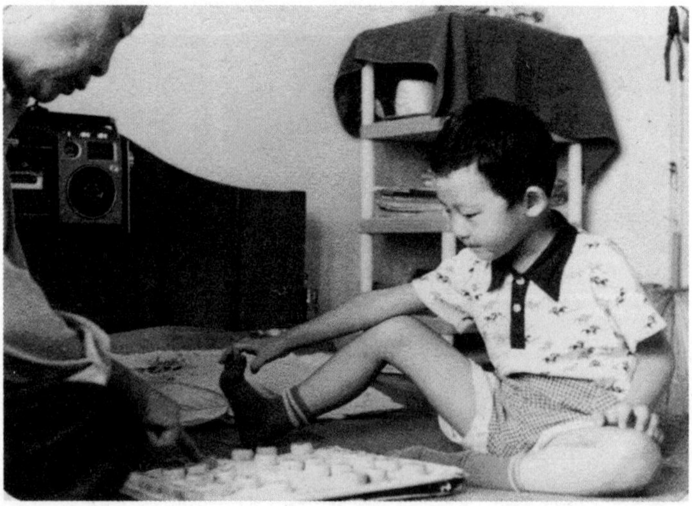

孙女黄基妮1991年出生，是家林夫妇的孩子，名字是我取的。基妮一直在我们身边长大。在我们的家庭影集里，留下了很多基妮的成长印记。比如我带着孙女一起签名迎接香港回归；还有她读小学的时候，老师要她做小记者，访问谁呢，她想了想，说："我干吗不采访院士呢?"于是就抓着我做采访。去年12月，她满18岁，我们和她爸爸妈妈在家里给她举办了一个Party，买了生日蛋糕，庆祝她成年。而她更在乎的是她自己和同学的Party，那是她们自己的小天地，无拘无束的天地。

家汉一家三口在美国都是公务员，家汉夫妇在美国经常参加华人聚会，他们都是华盛顿中国知青协会的成员。有意思的是，当年岳父赵元任将刘半农的《叫我如何不想它》谱成曲，他们的合作成就了一首经典歌曲，而他们的后人，家汉与刘半农先生的外孙女在华盛顿的知青聚会中，偶遇了。

1993年9月游黄山留影。黄培云早年答应新那，陪她游黄山，40年后终于兑现了

2009 年中秋节，华盛顿中国知青协会举办了一场名为“明月共赏，乡音乡情”的联欢会。他们介绍说，这场晚会的第一部分主题为“赏月”，是以诗朗诵和歌舞的形式诵月抒情。第二部分主题为“思乡”，这场聚会的人都是经历“土插队”又经历“洋插队”的，“每逢佳节倍思亲”，来自五湖四海的知青们在异国用家乡方言表达他们对故乡和亲人的思念。

虎年春节，家汉夫妇回国与我们共度。媳妇告诉我们，在中秋联欢会上，家汉背诵了《岳阳楼记》，把大家带回到了湖南的洞庭湖边。媳妇记下了家汉饱含情感的开场白：“60 年代初，我在长沙读中学，受教于一位国学功底深厚的语文老师。这位学究式的老师非常强调背诵古诗名篇。《小石潭记》《桃花源记》《捕蛇者说》等，我们均能脱口而出。范仲淹的《岳阳楼记》，因岳阳楼地处湖南，更是必背之篇。记得清晨上早自习，老

2007年黄培云全家合影

师搬一把椅子坐在教室门口，学生们逐一上前去背诵，背到忘情之处，学生和老师一同摇头晃脑，忘乎所以……”近半个世纪过去了，至今家汉仍能一字不差地把这篇名文用古文吟诵的标准方式背诵出来，真是烙印深刻。倘若他当年那位语文老师能听到，定会唏嘘感动的。

回顾了这么多，基本上概括了我们小家庭的情况。我和新那觉得比较幸福：其一，我们真是白头偕老，年轻时许下的心愿做到了；其二，我们都为国家和社会做出了自己力所能及的贡献；其三，后辈们朴实上进，继承了长辈“忠厚传家”的传统。

附　录

黄培云年表

黄培云主要著述目录

人名索引

黄培云年表

1917 年　8 月 26 日（农历七月初九）出生于北京。

1923 年　9 月入北京无量大人胡同小学，后升本校初中班。

1931 年　9 月入苏州东吴大学附属高中。

1934 年　9 月考入北京清华大学化学系。

1937 年　9 月在湖南长沙入临时大学（清华、北大和南开联合）读书。

1938 年　2 月至 4 月参加长沙临时大学大学生徒步队由长沙至昆明。9 月从云南昆明西南联大毕业后，在清华大学金属研究所任助教，从事研究硝酸镍氨的低温结晶构造。

1941 年　9 月通过第五届庚款留美考试赴美学习。10 月入美国麻省理工学院（MIT）研究院学习。

1945 年　7 月 21 日与赵新那结婚。同年秋在美国麻省理工学院毕业，获科学博士（Sc. D.）学位，博士论文为《铜在反射炉渣中的存在形态研究》。毕业后在 DIC 从事博士后研究。

1946 年　12 月 2 日乘船启程回国。

1947 年　3 月起在武汉大学工学院矿冶系任教授，兼系主任。6 月 15 日长子黄家汉在武昌出生。

1952 年　3 月全国院系调整，赴长沙参加中南矿冶学院筹建工作。10 月 26 日次子黄家林在武汉大学出生。11 月 1 日中南矿冶学院成立，任教授，兼教务长、副院长。

1954 年　主持建立粉末冶金专业，兼任中国科学院长沙矿冶研究所副所长。

1956 年　3 月赴北京参加制定国家十二年科学规划会议。11 月中国金属学会成立，当选理事。

1958 年　5 月参加教育部代表团赴东德弗莱堡大学访问。6 月参加中国科学院代表团到苏联参观访问。

1961 年　当选中国金属学会常务理事。6 月国内第一批粉末冶金专业研究生杨守植、曾德麟、张季平（女）等毕业。11 月中国机械工程学会粉末冶金学会成立，当选副理事长。

1975 年　5 月在长沙参加冶金材料座谈会。

1977 年　1 月 23 日至 2 月 3 日在广西栗木矿参加钽铌经验交流会议（771 会议）。11 月赴北京参加冶金部制定科学规划会议。在湖南省科技局主持的“国内外科学技术发展水平、动向”报告上作题为《国内外粉末冶金技术发展动向》报告。

1978 年　1 月赴北京出席全国冶金工业学大庆会议。6 月赴瑞典斯德哥尔摩参加第五次欧洲粉末冶金学术讨论会。11 月当选为中国金属学会第三届理事会副理事长。

1979 年　5 月参加冶金部代表团赴西德阿亨大学参观访问。创立中南矿冶学院粉末冶金研究所，兼任该所所长。

1980 年　1 月参加冶金部材料科学代表团赴美国参观访问，前后访问加州大学伯克利分校、犹他大学、哥伦比亚大学、麻省理工学院等。

1982 年　9 月出席中国共产党第十二次全国代表大会。

1983 年　6 月被任命为湖南省科协主席。

1984 年　任中南工业大学（原中南矿冶学院）学术顾问，学术委员会主任委员。当选为中国有色金属学会副理事长、美国粉末冶金学会（APMI）国际联络委员会委员。同年到西班牙参加钨协会议。

1985年 8月“粉末压制理论”获国家自然科学奖四等奖。

1986年 12月培养的全国第一位粉末冶金博士生陈振华通过论文答辩。

1987年 《粉末压制理论》科研成果获国家教育委员会科学技术进步奖一等奖。10月主编的《粉末冶金原理》荣获中国有色金属工业总公司优秀教材一等奖。

1988年 1月主编的《粉末冶金原理》获得全国高等学校优秀教材奖。4月参加清华大学十级毕业50周年聚会。10月获国防科学技术委员会颁发的“献身国防科学事业”荣誉证章。11月在长沙出席第一届钨、钛、稀土、锑冶金和材料国际讨论会。

1991年 7月快速凝固粉末及其材料的制备原理和技术的研究获得国家教委科学技术进步二等奖。11月固体火箭推进器用微细铝粉获得中国有色金属工业总公司科学技术进步二等奖。12月无机相图测定及计算的若干研究获得国家自然科学奖三等奖。

1992年 6月至10月赴美国参加国际粉末冶金学术会议并访问美国若干学校和研究所。

1993年 9月赴安徽黄山参加全国第六届粉末学术会议，做题为“钼粉压型过程中的流变行为”的报告。

1994年 当选为中国工程院首批院士。

1995年 6月参加粉末冶金国家重点实验室第一届学术委员会第一次工作会议，并担任学术委员会主任。

1998年 6月被授予为中国工程院第一批资深院士。12月与赵新那合编的《赵元任年谱》由商务印书馆出版。

2002年 6月获第四届“光华工程科技奖”。

2004年 9月在长沙出席第五届海峡两岸粉末冶金技术研讨会。

2006年 11月中南大学举行“黄培云任教60周年暨90诞辰庆祝大会”。

2010年 2月《黄培云文集》由中南大学出版社出版。

黄培云主要著述目录

学术论文

1 黄培云. 硝酸镍络合氨盐的 X 光分析. 清华大学金属学研究所研究报告，1940

2 Huang，P. Y. On the Form of Copper Reverberatory Slags. Sc. D. Thesis（MIT）（麻省理工学院科学博士论文），1945

3 Hayward，C. R.，Huang，P. Y. Mayari 贫镍矿的酸法水冶研究. 麻省理工学院与美国伯色列罕钢铁公司协作研究报告，1946

4 Huang，P. Y.，Hayward，C. R. Evidence of Formation of Copper Ferrite from Reaction between Cuprous Oxide and Copper Reverberatory Slag. *AIME Technical Publication* No. 2140 Class D，*Metal Technology*，1947

5 黄培云. 镍铬钒高速钢的热处理问题. 武汉科学杂志，1948

6 黄培云. 烧结基本理论研究：一、综合作用理论. 沈阳金属物理学术会议论文集，1961

7 黄培云. 烧结基本理论研究：二、温度对烧结过程的影响. 全国第一届冶金物理化学

学术报告论文集，1962

8 黄培云. 粉末压型问题. 中南矿冶学院学报，1986年，(增刊1)：1~17

9 黄培云. 粉末动压理论研究——grange 方程在粉末冲击成型上的应用. 中南矿冶学院新材料研究室报告，1965

10 黄培云. 粉末软静压理论研究. 中南矿冶学院新材料研究室报告，1977

11 黄培云. 粉末冶金压制方程的统计分析验证. 第一届中美双边冶金学术会议文集（英），1980. 中南矿冶学院学报，1982，(1)：1~8

12 黄培云. 粉末压制功与不完全Γ函数的关系. 中南矿冶学院学报，1983，(2)：1~7

13 黄培云，赵新那. 处理XRF的R/X比为表观活度系数由二元系数据计算三元系参数. 光谱学与光谱分析，1984，5：21~29

14 黄培云. 样条函数在粉末冶金科学技术中的应用. 中南矿冶学院学报，1986，(增刊1)：33~46

15 黄培云. 非线性粉体的数学模型. 中南矿冶学院学报，1986，(增刊1)：47~57

16 黄培云. 粉末冶金进展及相关学科问题. 材料科学与工程，1987. 2（1)：5~9

17 黄培云. Mathematical Models for the Evaluation of Activity Coefficients of Non-regular System. *Chin. J. Met. Sci. Tech*, Vol. 4, 1988

18 李旭，黄培云. 热压方程的研究——铁粉热压实验验证. 中南矿冶学院学报，1985，No. 1：119~126

19 曾德麟，黄培云. 粉末水静压制规律研究. 中南矿冶学院学报，1986，(增刊)

20 张季萍，黄培云. 粉末振动压制规律的研究. 中南矿冶学院学报，1986，(增刊1)：26~32

21 陈振华，黄培云，吕海波. 金属粉末动压成型的理论研究. 中南矿冶学院学报，1986，(增刊1)：58~80

22 陈振华，黄培云. 金属粉末低速动压成型的研究. 湖南冶金，1987，6：9~14

23 姚萱，黄培云，吕海波. 稀土氧化物对钴的马氏体相变及机械性能的影响. 粉末冶金技术，1987，5（2)：200~206

24 陈振华，黄培云．金属粉末冲击成型的理论研究．中南矿冶学院学报，1987，8：479

25 陈振华，黄培云．金属粉末恒压成型的理论研究．中南矿冶学院学报，1988，60~65

26 Qiu Caian, Jin Zhanpeng and Huang Peiyun. Phase Equilibria in the W-Ni-Cu System Part I：Experimental. *Z. Metallkde*, 1988, 79（11）：708~711

27 Qiu Caian, Jin Zhanpeng and Huang Peiyun. Phase Equilibria in the W-Ni-Cu System Part II：Thermodynamic Calculation. *Z. Metallkde*. 1988, 79（12）：767~769

28 Zhao Jicheng. Diffusion Quadruples for the Determination of Quaternary Phase Diagrams Applied to FeCoNiCr System. *Scripta Metallurgica*, 1988, 22（12）：1825

29 蔡一湘，林炳，黄培云．钛铝金属粉末的偏扩散成孔作用．中南矿冶学院学报，1988，19（5）：546~552

30 刘平，黄培云，林炳．热处理工艺对NdoPr-Fe-B永磁合金组织形态和矫顽力的影响．中南矿冶学院学报，1988，19（3）：299~306

31 Zeng Kejun, Jin Zhanpeng, Huang Peiyun. The Effect of Nb on the Hot Corrosion Behavior of Ni-base Superalloy. *Z. Metallkde*, 1989, 80（2）：129~134

32 杜勇，金展鹏，黄培云．$ZrO_2-Y_2O_3$，ZrO_2-MgO 赝二元系相平衡的研究．硅酸盐学报，1989，17（6）：507~513

33 贺安安，黄培云，吕海波．非线性粉体动态数学模型的参数估计．中南矿冶学院学报，1989，（1）：72~77

34 Du Yong（杜勇），Jin Zhanpeng（金展鹏）and Huang Peiyun（黄培云）. Phase Equilibria in the Quasiternary System $ZrO_2-Y_2O_3-MgO$. *Chin. J. Met. Sci. Technol*, 1990, 6（1）：13~20

35 蒋向阳，吕海波，林炳，黄培云．氮化硅陶瓷烧结致密化研究．中南矿冶学院学报，1990，21（1）：59~65

36 陈康华，黄培云，吕海波．Textured Growth of High-Jc（H）$YBa_2Cu_3O_{7-\delta}$ Polycrystalline

in No Temperature Gradient. 第二届全国高温超导学术会议论文集，1990

37 陈康华，黄培云，吕海波. Influence of Secondary Phases on Critical Current Density of Y-Ba-Cu-O Sintered Bulk Superconductor. 第二届全国高温超导学术会议论文集，1991

38 陈振华，黄培云. 准晶粉末超高压固结. 中国有色金属学报，1991，1（1）：54~58

39 陈振华，黄培云. 快速凝固-粉末冶金技术的发展综述. 中南矿冶学院学报，1991，22（增刊 1）：1~10

40 陈振华，黄培云，王云，蒋向阳，周多三. 多级快速凝固过程的成粉理论和装置. 中南矿冶学院学报，1991，22（增刊 1）：11~16

41 陈振华，蒋向阳，黄培云. Superhigh Pressure Consolidation of Al-based Alloy Quasicrystalline Powders. *Scripta Metallurgica et Materialia*，1991，Vol. 25（1）：159~163

42 陈康华，黄培云，吕海波，周桂芝，李晋尧. Bi-Pb-Sr-Ca-Cu-O 超导陶瓷的烧结反应与临界电流密度. 中南矿冶学院学报，1991，22（6）：677~682

43 曲选辉，黄伯云，吕海波，黄培云. TiAl 有序合金研究综述. 稀有金属材料与工程，1991，20（4）：3~14

44 曲选辉，黄伯云，孔祥炎，钱源，吕海波，黄培云. 添加锰对 TiAl 金属间化合物的孪生变形的影响. 中南矿冶学院学报，1992，23（3）：296~301

45 曲选辉，黄伯云，吕海波，黄培云. Ti-Al 有序合金中的位错网络及其对合金室温延性的影响. 中南工业大学青年优秀论文集（1）. 中南工业大学出版社，1992，104~109

46 易丹青，林炳，黄培云. 交变磁场对液相烧结的影响. 粉末冶金技术. 1992，10（4）：248~253

47 陈振华，蒋向阳，杨伏良，周三多，黄培云. 多层喷射沉积规律. 中国有色金属学报，1995，5（4）：70

48 严红革，陈振华，黄培云. 超微铝粉的制备. 中南工业大学学报（自然科学版），

1996, 27 (1): 65

49 严红革, 陈振华, 黄培云. 气相蒸发法制备超微金属粉末. 中国有色金属报, 1997, 7 (2): 140~144

50 严红革, 陈振华, 黄培云. 金属超微粉末制备技术中的几个问题. 材料导报, 1997, 11 (1) 16~18

51 杨海涛, 徐润泽, 黄培云, 袁润章. 碳化钨对常压烧结氮化硅陶瓷致密化的影响. 硬质合金, 1997, 14 (1): 28~31

52 刘允中, 陈振华, 黄培云. 锡粉多级雾化研究. 中南工业大学学报, 1997, 8 (5): 452

53 刘允中, 陈振华, 黄培云. 多级雾化分裂模式研究. 中南工业大学学报, 1998, 29 (5): 464

54 高英俊, 陈振华, 黄培云, 钟夏平. 有序 Al-Li 金属间化合物的电子结构与结合性能. 有色金属学报. 1997, 7 (4): 141~144

55 曹标, 陈振华, 黄培云. 非晶转变的两种主要理论模型. 材料科学与工程. 1998, 16 (3): 13~16

56 张豪, 陈振华, 孙亦, 黄培云, 杨伏良. 喷射共沉积 6066Al/SiCp 复合材料的组织与性能. 稀有金属材料与工程. 27 (4): 226~229

57 陈朝晖, 李小平, 陈振华, 黄培云. 球磨法制备的纳米晶 $LaNi_5$ 的电极特性. 电池. 1998, 28 (5)

58 曹标, 陈振华, 黄培云. 金属玻璃的结构弛豫. 材料导报, 1998, 12 (6): 9~12

59 Qin Wen, Chen Zhenhua, Huang Peiyun, Yinghong Zhuang. Dislocation Pileups in Nanocrystalline Materials. *Journal of Alloys and Compounds*, 1999, 289: 285

60 彭斌, 黄可龙, 陈振华, 黄培云. 锂离子电池正极材料非计量氧化锂锰的缺陷模型. 金属学报, 1999, 35 (7): 773

61 杨兵初, 黄培云, 陈振华. CNx 薄膜的制备及电子结构. 中南工业大学学报 (自然科学版), 1999, 30 (5): 522

62 杨兵初，陈振华，黄培云. 衬底温度对形成 CNx 薄膜的影响. 化学物理学报，1999，12（5）：615~619

63 陈鼎，黄培云. 钛和钛合金在低温下力学性能. 矿冶工程，2002，22（3）：111~114

64 陈鼎，陈振华，陈刚，黄培云. 固液球磨制备 Fe-Sn 金属间化合物粉末. 中国有色金属学报，2003，13（3）：579~583

65 陈鼎，黄培云. 固液反应球磨制备 Al-Cu-Fe 与 Al-Si-Fe 三元合金. 中南大学学报（自然科学版）. 2004，（4）

专　著

1 黄培云主编. 粉末冶金原理. 北京：冶金工业出版社，1982，1997（第 2 版）

2 黄培云，金展鹏，陈振华著. 粉末冶金基础理论与新技术. 长沙中南工业大学出版社，1995

3 黄培云译. 铜镍冶金学. 北京：冶金工业出版社，1956

其　他

1 黄培云. 综合思维，循序渐进. 院士思维（第四卷）. 合肥：安徽教育出版社，2001

2 黄培云. 黄培云. 中国工程院院士自述（工程院学部工作部编）. 上海：上海教育出版社，1998

3 赵新那，黄培云编. 赵元任年谱. 北京：商务印书馆，1998

人名索引

后　记

口述历史的兴起扩大了历史文本的写作者队伍，加入到《20世纪中国科学口述史》丛书访谈作者队伍中来的时候，我只是一名媒体从业者。

曾经的记者生涯，采访过各领域不少精英，但科学家不多。而从新闻采访到口述历史的实践操作之间，又有着许多沟壑，要跨越并不容易。虽然明白这点，但这本书的访谈任务，还是激发起我的好奇心：一个人、一个学科、一个时代之间，有着怎样的关联与逻辑？能够有机缘探寻一段令人难忘的风云际会，访谈还未开始，我就感到一种责任与荣光。

2008年4月3日，樊洪业先生和李小娜老师领着我一块到中南大学的院士楼，我第一次见到黄培云院士及赵新那老师，其时黄先生91岁，夫人新那85岁。言谈间，体会到两位老人的学养与风范，这种气场吸引着我，让我敏感到即将展开的发掘过程，将留下一份珍贵的史料。同时也清醒地认识到，两位老人所承载的历史厚度，以我的阅历与储备，对他们进行访问，会有很大的难度。

就这样，带着因吸引产生的向往，以及克服困难的勇气，我在两年前的春天开始了黄先生口述史的访问与整理，一次次地走近他们，不断追索历史的细节与逻辑。

因为粉末冶金广泛用于国防军工，黄先生带领团队取得的许多成就都属于国防机密。保密制度的规定，让访谈受到诸多限制。黄先生原本存有数十本日记、笔记，“文革”期间被抄家，这些珍贵的私人材料流失后，再也没有回来，使访谈缺乏文献资料的支撑。再加之黄先生个性又不喜多言，访谈像在岩层掘矿般，只能一点点推进。

受到这些局限，再加之专业背景知识的薄弱，作为访谈者，我只能如大象穿针，穷尽心思寻找，下笨功夫努力。

与黄先生进行访谈的过程，也是我密集阅读的过程。在各类作品、资料的阅读与学习中，一点点地完善知识结构，体会文献的意义与访谈者的精神，借此提升对话水平。两年来，我四十余次在周末前往中南大学，访问黄先生，以及他的学生。无数个夜晚，翻寻资料，整理录音，倾注时间与精力。这个过程让我体会到，口述史访谈并不是简单记录下受访者的口述，而是在对话、探询中不断完善的。在取得口述材料后，还要尽可能去寻找书面档案材料，进行对比、核查和筛选。黄先生在回顾历史时，提到许多人物和事件，每个人每件事我都尽量去查阅，把有用的资料梳理出来，几乎每一次访谈后的整理稿都附上了从资料中打捞出来的记忆碎片。他们读过这些附件，又激发出许多鲜活的记忆。这样，我与黄先生及夫人之间的互动逐步增强。也是靠这些“笨功夫”，使得他们逐步认可、信任我。

因为他们的信任，我得以观察到许多细节，由此，获得了这个过程自己最为珍视的忘年友谊和境界提升的力量。

黄先生幼年受传统文化熏染，青年时留学海外，经历中西文化碰撞。回国之后，应国家之需，艰苦建校，栽种桃李，奠基粉末冶金学科，并在此领域卓有建树。而无论经历怎样的人生起伏，他始终保持着温润如玉的君子之风。在口述访问的过程中，他也是将一生所历娓娓道来，始终雅达散淡。

我一直在观察，在探究，是哪些因素，造就了这样一个做人谦谨、做事切实、修养深厚，又锐意创新的人。是什么令他真正快乐，他又如何让快乐成为内生性动力，使之如此持久，绵延不绝？

接触多了，我发现黄先生的求真求善求美，他的坚持与践行，这是当代人身上珍稀的品质。正是这些，让他站在一定的高度，以更宽的眼界，回望过去，正视现在，面向未来。虽然年岁增长是自然规律，但每次见到他拿着放大镜逐字逐句审阅整理稿并提出意见，见到他坚持学习，见到他拒绝空泛议论，见到他谈起古典音乐时轻弹节奏的手指……正是这些，形成一种精神的穿透力，穿透各种困扰，保护他成为一个完整的人，从事真正的科学、真正的学术。而这种精神的穿透力，也可以转化成一种历史的力量。早辈学者的家国情感、科学精神，在日渐功利化的今日，更值得被记取。这本口述传记，希望能够被阅者所接受，从中得到传承的力量。

在这里，我最需要感谢的是新那老师。她的高素质与实事求是的精神令我尊敬，但在内心里，更多感觉是亲切。因为她保有天真的活力与执著，接触她的人，都会感觉到这些美好天性的可爱。她为黄先生精心制作的生日卡片，成为这本口述史访谈的切入点。这里的生日卡片，不同于大家平素所见的一张折叠卡，而是将黄先生一生的照片经过精心挑选，以时间为经，以事件为纬，选编制作而成。其中早年的许多照片，是由在美国的赵元任先生保存，翻拍后寄给他们的。访谈过程中，新那老师身兼数职，她与黄先生一起回忆，协助查找资料，协助黄先生对整理稿进行审阅。没有新那老师，作为口述者的黄先生和作为访谈者的我，都难以克服所遇到的困难。

还要感谢林学责、吕海波、林炳、金展鹏、陈振华等诸位教授。艰苦建校的诸多故事，粉末冶金学科的创立与发展所经历的制度设计、资源获取、人力布局、重要事件等内容，是他们的补充回忆，让历史细节得以丰富，也是他们，从专业角

2009年10月31日郑艳在黄培云院士家中对黄老进行访问

度，对书中相关内容提出宝贵的意见和建议。

2011年，清华大学将迎来百年华诞。赵元任先生与黄先生这对翁婿，都是清华毕业的院士，与水木清华有着很深的渊源。赵先生是当年清华“四大国学导师”之一，而黄先生是目前健在的清华毕业院士中，最年长者之一。这本口述自传，将作为学子的心意，敬献给母校的百年庆典。作为访谈者，参与并见证了成书过程，幸莫大焉。

郑　艳

2010年8月于长沙

图书在版编目（CIP）数据

黄培云口述自传 / 黄培云口述；郑艳访问整理．—长沙：湖南教育出版社，2011.1（2017.7 重印）
（20 世纪中国科学口述史 / 樊洪业主编）
ISBN 978-7-5355-7483-1

Ⅰ.①黄…　Ⅱ.①黄…　②郑…　Ⅲ.①黄培云—自传
Ⅳ.①K826.16

中国版本图书馆 CIP 数据核字（2011）第 010064 号

书　　名	20 世纪中国科学口述史 黄培云口述自传 Huang Peiyun Koushu Zizhuan
作　　者	黄培云口述 郑艳访问整理
责任编辑	曹卓卓
责任校对	周　晔
出版发行	湖南教育出版社（长沙市韶山北路 443 号）
网　　址	http://www.hneph.com
电子邮箱	hnjycbs@sina.com
客　　服	电话 0731-85486979
经　　销	湖南省新华书店
印　　刷	长沙超峰印刷有限公司
开　　本	710×1000　16 开
印　　张	19.5
字　　数	239 600
版　　次	2011 年 1 月第 1 版　2017 年 7 月第 1 版第 2 次印刷
书　　号	ISBN 978-7-5355-7483-1
定　　价	50.50 元